自然资源永续利用知识问答

ZIRAN ZIYUAN YONGXU LIYONG ZHISHI WENDA

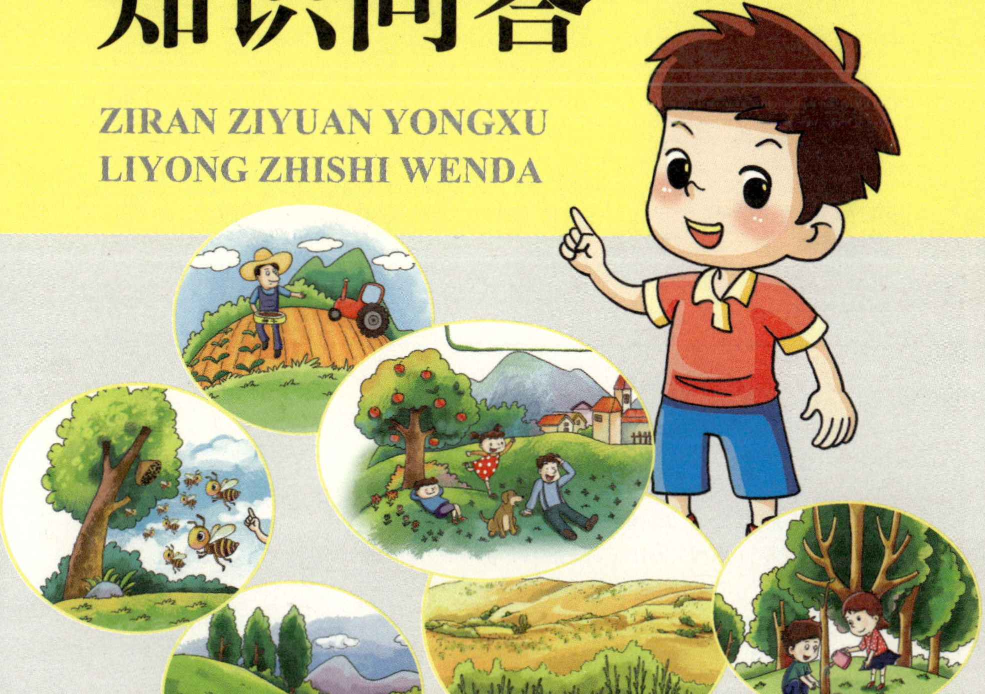

环境保护部科技标准司
中国环境科学学会 主编

中国环境出版社 · 北京

图书在版编目（CIP）数据

自然资源永续利用知识问答 / 环境保护部科技标准司，中国环境科学学会主编 . — 北京 : 中国环境出版社 , 2016.11

（环保科普丛书）

ISBN 978-7-5111-2857-7

Ⅰ . ①自… Ⅱ . ①环… ②中… Ⅲ . ①自然资源－资源利用－问题解答 Ⅳ . ① F062.1-44

中国版本图书馆 CIP 数据核字（2016）第 154504 号

出 版 人　王新程
责任编辑　沈　建　董蓓蓓
责任校对　尹　芳
装帧设计　金　喆

出版发行　中国环境出版社
（100062 北京市东城区广渠门内大街 16 号）
网　　址：http://www.cesp.com.cn
电子邮箱：bjgl@cesp.com.cn
联系电话：010-67112765（编辑管理部）
发行热线：010-67125803，010-67113405（传真）
印　　刷　北京中科印刷有限公司
经　　销　各地新华书店
版　　次　2016 年 11 月第 1 版
印　　次　2016 年 11 月第 1 次印刷
开　　本　880×1230　1/32
印　　张　4.375
字　　数　100 千字
定　　价　22.00 元

《环保科普丛书》编著委员会

《自然资源永续利用知识问答》编委会

《环保科普丛书》序

我国正处于工业化中后期和城镇化加速发展的阶段，结构型、复合型、压缩型污染逐渐显现，发展中不平衡、不协调、不可持续的问题依然突出，环境保护面临诸多严峻挑战。环保是发展问题，也是重大的民生问题。喝上干净的水，呼吸上新鲜的空气，吃上放心的食品，在优美宜居的环境中生产生活，已成为人民群众享受社会发展和环境民生的基本要求。由于公众获取环保知识的渠道相对匮乏，加之片面性知识和观点的传播，导致了一些重大环境问题出现时，往往伴随着公众对事实真相的疑惑甚至误解，引起了不必要的社会矛盾。这既反映出公众环保意识的提高，同时也对我国环保科普工作提出了更高要求。

当前，是我国深入贯彻落实科学发展观、全面建成小康社会、加快经济发展方式转变、解决突出资源环境问题的重要战略机遇期。大力加强环保科普工作，提升公众科学素质，营造有利于环境保护的人文环境，增强公众获取和运用环境科技知识的能力，把保护环境的意识转化为自觉行动，是环境保护优化经济发展的必然要求，对于推进生态文明建设，积极探索环保新道路，实现环境保护目标具有重要意义。

国务院《全民科学素质行动计划纲要》明确提出要大力提升公众的科学素质，为保障和改善民生、促进经济长期平稳快速发展和社会和谐提供重要基础支撑，其中在实施科普资源开发与共享工程方面，要求我们要繁荣科普创作，推出更多思想性、群众性、艺术性、观赏性相统一，人民群众喜闻乐见的优秀科普作品。

环境保护部科技标准司组织编撰的《环保科普丛书》正是基于这样的时机和需求推出的。丛书覆盖了同人民群众生活与健康息息相关的水、气、声、固废、辐射等环境保护重点领域，以通俗易懂的语言，配以大量故事化、生活化的插图，使整套丛书集科学性、通俗性、趣味性、艺术性于一体，准确生动、深入浅出地向公众传播环保科普知识，可提高公众的环保意识和科学素质水平，激发公众参与环境保护的热情。

我们一直强调科技工作包括创新科学技术和普及科学技术这两个相辅相成的重要方面，科技成果只有为全社会所掌握、所应用，才能发挥出推动社会发展进步的最大力量和最大效用。我们一直呼吁广大科技工作者大力普及科学技术知识，积极为提高全民科学素质作出贡献。现在，我欣喜地看到，广大科技工作者正积极投身到环保科普创作工作中来，以严谨的精神和积极的态度开展科普创作，打造精品环保科普系列图书。我衷心希望我国的环保科普创作不断取得更大成绩。

吴晓青

中华人民共和国环境保护部副部长

二〇一二年七月

前言

人类是整个地球生态系统的一部分，地球环境为人类社会生产提供自然资源和生命保障体系，是满足人类需要的基础。地球上的自然资源是自然界不同空间范围内所有可供人类需要和利用的物质与能量的总合。自然资源是人类生存环境的基本要素，是人类社会和经济发展的物质基础。自然资源可以分为再生资源和不可再生资源。

随着中国经济的快速增长，经济社会发展面临的资源环境约束日益明显，已经影响到国民经济发展战略目标的实现。如何保障国家资源安全供给、提高资源和能源利用效率、改善环境质量成为中国目前所面临的一个极端重要的问题。从源头预防污染产生和控制污染排放，从而根本上解决资源安全供给问题而实施的一种经济发展模式，其目的是实现资源的循环永续利用。

我们经常说中国地大物博、资源丰富，但是，同时我们也更应该知道：自然资源并非取之不尽、用之不竭。20世纪以来，人类发展的历程和实践已经深刻地证明，只有走合理开发自然资源和有效利用资源的道路，永续发展才能实现。

《自然资源永续利用知识问答》这本小册子围绕资源的基础知识、物种与生物多样性、森林的生态服务功能与永续利用、草地的生态服务功能与永续利用、矿产资源开发的管理与合理利用、水资源的开发与合理利用等若干方面进行了阐述，然而篇幅有限，书中并没有涵盖资源永续利用的所有方面。通过本书的基本学习，公众能够对于“资源”和“永续利用”的概念有一个初步的理解，能够更好地理解相关领域的理念和技术发展，是本书的编写的意义所在。

在本书编写过程中，中国环境科学学会环境影响评价专业委员会、中国环境科学学会生态与自然保护分会、中国环境科学学会植物环境与多样性专业委员会、环境保护部南京环境科学研究所、江苏省中国科学院植物研究所、国家环境保护矿山固体废物处理与处置工程技术中心委派专家参与编写工作，在此一并表示感谢！

由于水平有限、时间仓促，书中疏漏在所难免，敬请专家、读者批评指正。

编者

二〇一六年九月九日

目录

第一部分 基础知识 1

第二部分 物种与生物多样性 18

第三部分 森林的生态服务功能与永续利用 52

第四部分 草地的生态服务功能与永续利用 68

第一部分 基础知识

1. 什么是自然资源?

自然资源也称天然资源，指在自然界中天然存在，未经人类加工，主要受自然规律支配，能为人类利用的资源，如土地、水、生物、能源和矿物等。自然资源与人类社会密切相关，我们的衣、食、住、行都离不开自然资源，呼吸的新鲜空气、喝的干净水、吃的可口食物、穿的漂亮衣服、住的温馨房子都来源于自然资源。自然资源并不是取之不尽、用之不竭的，我们应当从小事做起，不浪费每一粒粮食，节约用水用电，合理开发、利用与保护自然资源，这样才能实现人类社会的可持续发展。

目前还不能被人类利用的资源可能是一种潜在的资源，随着社会生产力水平的提高和科学技术的进步，将来可能成为宝贵的资源而被开发和利用。

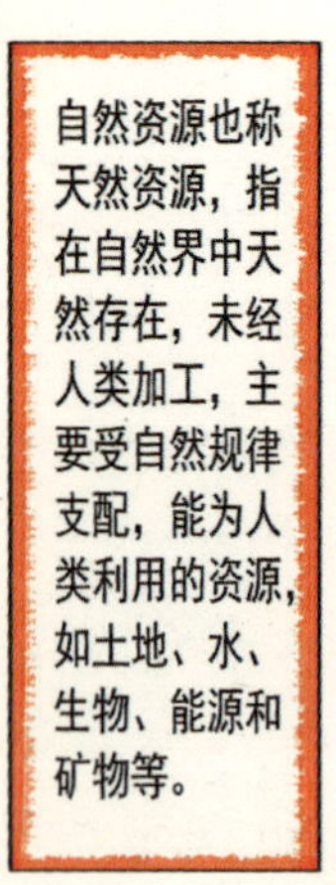

2. 自然资源如何分类？

自然资源按其自身更新的速度，分为可更新资源和不可更新资源，又称可再生资源和不可再生资源，或不可耗竭资源和可耗竭资源。可更新资源（或可再生资源、不可耗竭资源）是指在较短时间内可以再生，或是可以循环使用的资源。它在合理使用的前提下，可以重新利用或短期内可以再生。例如，只要我们不过量捕捞鱼，大鱼可以生出小鱼，一代一代繁殖下去；再如我们通过合理砍伐树木，森林可以砍了再生，生了再砍，循环往复。不可更新资源或不可再生资源、可耗竭资源是指用尽后就不能再生产的资源，如矿产资源、石油资源，不具备自我繁殖能力，开采一点就少一点。

再生资源

不可再生资源

自然资源还有其他的分类方法，如按其权属性质，可分为专享资源和共享资源；从地理分布角度可分为陆地资源、海洋资源和太空资源；从自然形态角度可分为土地与土壤资源、矿产资源、生物资源、水资源、能源资源等。

3. 自然资源的价值有哪些？

自然资源的价值是指自然资源对于人类所表现出来的积极意义和有用性。很明显，自然资源的价值及其大小与人类对自然资源的认识程度和主观判断有很强的关联性。总体来说，自然资源的价值可分为使用价值、选择价值和非使用价值。

使用价值既包括自然资源直接满足人们生产和消费需要的价值，即直接使用价值，其大小是由自然资源对目前的生产或消费的直接贡献来决定的；又包括自然资源所提供的用来支持目前的生产和消费活动的各种功能间接获得的效益，即间接使用价值，两者均属经济学认定的经济价值。

选择价值是指当代人为了避免后代人失去利用某种自然资源的机会而保存或保护它所做出的支付，其大小与人们愿意为保护环境资源以备未来之需的支付意愿的数值有关。选择价值相当于消费者为一项未利用的资产所愿意支付的保险金，仅仅是为了避免在将来失去它的风险。

非使用价值又称存在价值，是指人们知道某种自然资源的存在，即使没有使用它的意图，也对其存在赋予的价值。存在价值是人们对自然资源价值的一种道德上的评判，包括人类对其他生物的同情和关注。

4. 自然资源与人类社会的关系是怎样的？

自然资源是人类社会赖以生存和发展的物质基础和社会物质财富的源泉。自然资源为工农业生产提供了基础、原料、动力，是人类社会经济建设不可或缺的物质保证，因此人类社会的发展对自然资源存在依赖关系。例如，在农业社会阶段，人类对自然资源的依赖性很强，平坦的地形、温暖的气候、丰沛的水源、肥沃的土壤，是农业社会时期生产力发展的重要条件。而到了工业社会阶段，矿产资源对资源性产业和工业布局有决定性的影响。随着人类社会经济的发展，对自然资源的利用方式更加趋于多样化，人类开发利用自然资源的能力正在不断提高，对自然资源的依赖程度随着时代的进步和科技的发展而减弱。然而人类社会的活动也正在极大地影响和改变着自然。例如，人类不断地使用自然资源，某些自然资源数量有限，致使其逐渐减少甚至枯竭，对自然资源产生强烈的破坏作用，导致人类赖以生存与发展的自然环境日益恶化，严重破坏了人与自然的和谐关系。因此，自然资源和人类社会发展只有协调一致，做到在利用中保护、在保护中发展，才能实现人与自然的和谐共处。

5. 自然资源能永续利用吗？

永续利用中的永续指的是在满足人类生活基本需求的基础上，不过度地攫取自然资源，不造成环境的恶化甚至自然资源的枯竭。在满足生产需求的基础上最大化地节约资源，实现自然资源的长久利用，才能形成一个永续发展的社会。自然资源可以分成可再生与不可再生两种，但若是过度攫取或是不当开发，例如，大规模砍伐树木，超过了森林的可再生能力，哪怕是可再生资源也会逐渐枯竭，自然资源逐渐耗竭的同时也背离了永续利用的目标。反之，若是对资源环境的利用有妥善合理的规划，重视自然界的承载能力，注重资源自身的再生能力，加强对其保存和再利用，并减少发展中对环境的破坏，达到自然资源的永续利用也不是一种奢望。是否能做到自然资源的永续利用，取决于当代人类社会的发展模式，也取决于当下我们每个人的行动。在发展的同时不忘对资源、对环境的保护，让人类社会能健康地延续发展下去，让我们的子孙后代也能享受到发展的成果以及适宜的生存环境，这便是自然资源永续利用的初衷。

6. 如何合理利用与保护自然资源?

自然资源既是大自然赐予人类的礼物，也是人类赖以生存和发展的物质基础和社会物质财富的源泉，人类若想永续利用和保护好自然资源，就必须遵循一定的科学原则。鉴于可再生资源的周期性和不可再生资源的有限性，为达到合理利用和保护自然资源，我们必须坚持适度、科学的原则。

适度就是要合理利用，即可承受的开发强度、避免浪费和破坏，同时兼顾当代人和后代人的需求。科学就是要用科学的技术保证最大限度地综合利用自然资源、用科学的理念保证以最正确的方式利用自然资源。例如，对石油等不可再生能源的利用，应在满足涉及国计民生需求的情况下，尽量少开采，多开发清洁、可持续利用的风能、太阳能等替代能源。对渔业资源等可再生资源的利用，要通过限制渔获量、规定禁渔区和禁渔期等措施，在取得最适持续渔获量的同时，维护渔业资源的再生产能力。

7. 什么是生态系统?

生态系统是在一定时间和空间内，生物群落与其生存环境之间，以及生物与生物之间密切联系、相互作用，通过物质交换、能量转换和信息传递，成为占据一定空间、具有一定结构、执行一定功能的动态平衡的、不可分割的整体。生态系统是生物与环境之间进行能量转换和物质循环的基本功能单位。从自然环境看，大到整个地球，小到池塘都是一个生态系统。整个地球生物圈可以视为一个生态系统，人类居住的城市也可以视为一个生态系统，还有河流、小溪、池塘都有生物之间、生物与环境之间互相影响的关系，也可以视为一个生态系统。

8. 生态系统的组成成分有哪些？

生态系统的组成成分可分为非生物因素和生物因素两大部分。

无机环境是生态系统的非生物组成部分，包含太阳辐射以及其他所有构成生态系统的基础物质，如水、无机盐、空气、有机质、岩石等。

各类生物及其相互关系是生态系统的生物组分。根据生物在生态系统中的作用和地位，可分为生产者、消费者和分解者三大功能类群。生产者指自养生物，主要是各种绿色植物，也包括化能合成细菌与光合细菌。生产者是连接无机环境和生物群落的桥梁；消费者指依靠摄取其他生物为生的异养生物，包括几乎所有动物和部分微生物（主要有真细菌），它们通过捕食和寄生关系在生态系统中传递能量，数量众多的消费者在生态系统中起加快能量流动和物质循环的作用；分解者是以动植物残体或其他有机物为食的小型异养生物，以各种细菌和真菌为主，也包含蚯蚓等腐生动物。

可见，生态系统是由非生物环境、生产者、消费者和分解者四种基本成分共同组成的一个功能整体。

9. 生态系统有哪些类型?

地球上的生态系统类型复杂多样，其分类方式也是多种多样。按生态系统形成的原动力和干扰状态，可分为自然生态系统、半自然生态系统和人工生态系统三类。凡是未受人类干预、依靠生物和环境本身的自我调节能力维持相对稳定的生态系统类型均属自然生态系统，如原始森林等；按人类的需求建立并受人类强烈干预的生态系统为人工生态系统，如城市、农田等；虽受过人为干预，但仍保持了一定自然状态的生态系统为半自然生态系统，如天然放牧的草原、人类经营和管理的天然林等。

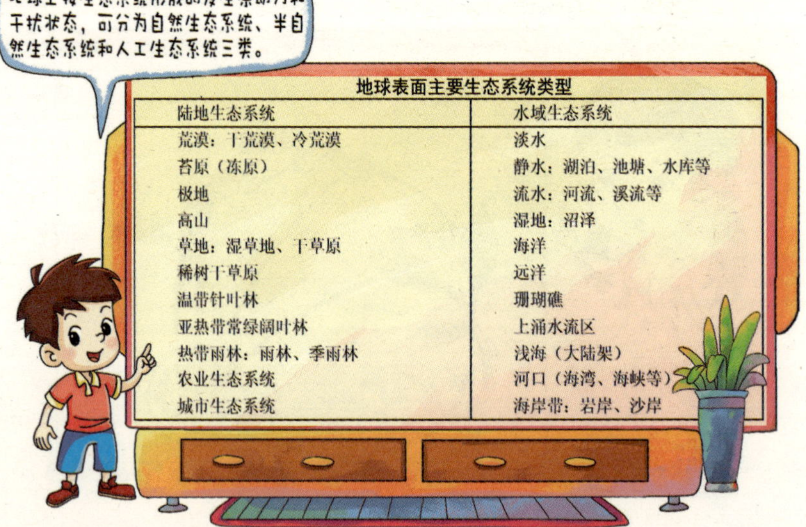

地球表面主要生态系统类型

陆地生态系统	水域生态系统
荒漠：干荒漠、冷荒漠	淡水
苔原（冻原）	静水：湖泊、池塘、水库等
极地	流水：河流、溪流等
高山	湿地：沼泽
草地：湿草地、干草原	海洋
稀树干草原	远洋
温带针叶林	珊瑚礁
亚热带常绿阔叶林	上涌水流区
热带雨林：雨林、季雨林	浅海（大陆架）
农业生态系统	河口（海湾、海峡等）
城市生态系统	海岸带：岩岸、沙岸

根据生态系统的环境性质和形态特征，生态系统可分为水域生态系统和陆地生态系统。前者又分为淡水水生生态系统和海洋生态系统；后者又分为森林生态系统、草地生态系统、荒漠生态系统、冻原

生态系统、农田生态系统、城市生态系统等。陆地生态系统的划分主要根据其组成要素、植被等的特点；水域生态系统则主要根据物理和地理状况进一步划分。

10. 生态系统有哪些特点与功能？

生态系统主要具有如下特点：①空间性：通常与一定的地域空间相联系，以生物为主体，呈网络式的多维空间结构；②复杂性：由多种基本单元和生物成分形成网状、有序的复杂系统；③动态的生命特征：生态系统都具有产生、形成和发展的演变过程，可分为幼期、成长期和成熟期等生命阶段；④具有明确功能和服务性能，包括物质循环、能量流动、生态系统服务等；⑤具有自维持、自调控功能，

主要表现为同种生物的种群密度的调控、异种生物种群之间的数量调控、生物与环境之间的相互适应调控等。

生态系统的功能主要表现为提供生态系统服务，生态系统通过自身及其与周围环境之间的物质循环、能量流动、信息传递等，为人类提供生产和生活物质、良好的生活环境等。具体而言，生态系统服务功能主要包括生物生产、调节气候、涵养水源、净化环境、维护生物多样性、维持土壤养分、减缓灾害、休闲娱乐等。

11. 生态系统能够为人类提供哪些服务？

联合国环境规划署等国际组织实施的千年生态系统评估（Millennium Ecosystem Assessment）将生态系统服务定义为人类从生态系统获得的所有惠益，包括供给、调节、文化和支持四大功能。

供给功能是指生态系统生产或提供产品的功能，如提供食物、纤维、燃料、淡水、基因资源、原始材料等；调节功能是指调节人类生态环境的功能，如减缓干旱和洪涝灾害、调节气候、净化空气、缓冲干扰、控制有害生物等；文化功能是指人们通过精神感受、知识获取、主观映象、休闲娱乐和美学体验从生态系统中获得的非物质利益；支持功能是指保证其他所有生态系统服务功能提供所必需的基础功能，如维持地球生命生存环境的养分循环、更新与维持土壤肥力、产生与维持生物多样性等。

生态系统不仅创造与维持了人类赖以生存和发展的地球生命支持系统，形成了人类生产所必需的环境条件，还为人类提供了生活与生产所必需的食品、医药、木材及工农业生产的原材料。

12. 自然资源与生态系统有哪些关联与区别？

根据自然资源和生态系统的定义，我们可以发现两者既有非常强的关联，也有明显的区别。

关联：生态系统包含自然资源，自然资源是生态系统的组成要素。例如，我们常说的水、土地、生物都是生态系统的组成部分，因其存在被人类认为有积极意义和有价值，就成了水资源、土地资源和生物资源。

区别：生态系统的组成要素可以分解为相对独立的单项自然资源，而自然资源的简单堆砌却无法组成生态系统。这些独立的自然资源必须通过能量流动和物质循环而相互作用，形成一个统一的整体后才能成为生态系统。

自然资源与生态系统既有区别又相互关联，独立、静止的生态系统要素可以直接成为自然资源，而自然资源若要组成生态系统，就必须通过能量流动和物质循环组成一个相互作用的统一整体。

13. 什么是生态资产？

生态资产是一切能为人类提供服务和福利的自然资源和生态环境，其服务和福利的形式包括有形的、实物形态的自然资源供给，如矿产、水、粮食、果实、木材等以及工农业生产原料，这类生态资产的价值可以直接通过市场价格来估算；也包括隐形的或不可见的、非实物形态的生态系统服务，如涵养水源、净化污染、水土保持、气候调节、生物多样性保护、景观享受等，这类生态资产的价值无法直接用市场价格来衡量。

14. 什么是生物量？

生物量是指在某一特定时刻，生态系统单位面积内所积存的活有机质。生物量实际上就是净生产量的累积量，某一时刻的生物量就是在此时刻以前生态系统所累积下来的活有机质总量。生物量的单位通常用每平方米生物体的干重（g/m^2）或每平方米生物体的热值（J/m^2）来表示。森林群落的生物量是森林生态系统生产力的最好的指标，是森林生态系统结构优劣和功能高低最直接的表现，是森林生态系统环境质量的综合体现。在不同的生态系统中，森林的平均生物量最高，湿地次之，草地、灌丛、海洋较低。

全球主要生态系统的生物量

生态系统	面积 /10^6km^2	平均生物量（干重）/（t/hm^2）	总生物量（干重）/10 亿 t
森林			
热带雨林	17.0	450	765
热带季雨林	7.5	350	260
常绿阔叶林	5.0	350	175
落叶阔叶林	7.0	300	210
北方针叶林	12.0	200	240
疏林及灌丛	8.5	60	50
草地			
热带稀树草原	15.0	40	60
温带草原	9.0	16	14
矮灌丛			
冻原和高山冻原	8.0	6	5
荒漠、半荒漠灌丛	18.0	7	13
荒漠（极端干荒漠、冻荒漠）	24.0	0.2	0.5
耕地	14.0	10	14
淡水			
沼泽与湿地	2.0	150	30
湖泊与河流	2.0	0.2	0.05
陆地总计	149	122	1 837
海洋			
公海	332.0	0.03	1.0
上涌带	0.4	0.2	0.008
大陆架	26.6	0.01	0.27
海藻带及珊瑚礁	0.6	20	1.2
海湾	1.4	10	1.4
海洋总计	510	36	1 841

15. 什么是生态保护红线？

“红线”一般指严格管控事物的空间界线，包含数量、比例或限值等方面的管理要求。生态保护红线是指对维护自然生态系统功能保障国家和区域生态安全及经济社会可持续发展具有关键作用、必须实行严格保护的基本生态空间。

16. 划定生态保护红线有什么意义？

对于生态资源保护而言，划定生态保护红线具有重要的时代背景与现实意义。我国生态资源丰富，森林、湿地、草地、灌丛面积约占国土面积的 61.2%，在保障国家生态安全和社会经济可持续发展方面起到了关键作用。

自 20 世纪 50 年代以来，由于资源与能源的过度利用和无序开发，我国生态环境面临着严峻挑战。人口增加，经济快速发展，城镇化、工业化扩张使物种栖息地受到侵占和威胁，生物资源过度利用和无序开发对生物多样性的破坏和影响加剧。据统计，我国野生高等植物濒危比例达 15% ～ 20%，有 233 种脊椎动物面临灭绝，约 44% 的野生动物数量呈下降趋势。部分珍贵和特有的农作物、林木、花卉、畜、禽、鱼等种质资源流失严重，一些地方传统和稀有品种资源丧失。

在生态资源遭受破坏的同时，生态系统退化趋势也不断加剧，水源涵养、土壤保持、防风固沙、生物多样性保护、洪水调蓄等生态系统服务功能下降。尽管我国不断加大生态保护与建设力度，但重要生态功能区、生态敏感区、脆弱区、生物多样性保护优先区等关键生态区域未能得到有效保护，导致生态系统服务功能仍在恶化，自然灾害多发，威胁人居环境安全。

总体而言，我国生态资源缺乏整体性保护，且严格性不足，尚未形成确保国家与区域生态安全和经济社会协调发展的空间格局。在此背景下，国家提出划定生态保护红线的战略决策并写入2014年新《环保法》以法律形式固化下来，旨在加强生态资源保护，遏制生态系统退化趋势，力促人口、资源、环境相均衡，经济、社会和生态效益相统一。

第二部分
物种与生物多样性

17. 什么是物种？

在我们的周围有许许多多的生物，为了区分、认识、描述和交流这些丰富多彩的不同生物，科学家提出一个特定的概念——“物种”（Species），简称“种”，即将世上的生物分成不同的种类。它是根据一个个生物实体的遗传特性和形态特点的共性而归纳和提升出来的。正是有了物种的概念，我们才得知和认识了现在的数以百万计的生物。

到目前为止，有关物种的确切定义尚无统一的定论，但是物种是客观存在和可以识别的，并且物种是人为划分的生物识别单元，同时也是生物的基本分类单元和一个分类阶层，或是一个繁殖单元和演化单元。通常认为，同一物种由多个个体组成的群体构成，而且它们在遗传上极为相近，在形态上极为相似，对于具有（雌／雄）性别分化的生物而言，尤指彼此间能够相互交配并产生可育后代。生物的种类成千上万、千差万别，但都渊源于共同的祖先，是各自祖型的分支后代，所以每一物种不仅各有自身的特征，而且又保留一系列祖传的特征。

值得注意的是，组成同一物种的各个个体

的特征并非完全一致，而且可进一步划分为不同类别和等级，如亚种、变种、变型等，在栽培植物中还有不同的品种。譬如在梅花盛开赏梅时，你会看到“宫粉梅”“朱砂梅”“白梅”“绿萼梅”“垂枝梅”等，虽然它们在花色、花萼、枝条等少数形态特征上彼此之间有明显的差异，但它们都属于同一个物种——梅（Prunus mume Sieb. et Zucc.）；而且即使同是“宫粉梅”，你也很难找到枝、叶、花等各部位的形态完全相同的两株。

18. 什么是“居群”？

物种这一概念，使得我们认识了众多的生物种类。那么物种是由谁构成的呢？随着科学的发展，现在认识到构成物种的并不仅仅是

从前认为的相同个体，而是更加重要的、基于个体之上但位于物种水平之下的一个种下层次——居群（population），有时称为“种群”。

居群是指一个物种中生长在特定的空间和时间的同种个体群。它是构成物种的基础，是物种在自然界存在的基本形式，也是种内的分化单元。一个物种可能仅由一个或多个居群组成。

同种的诸多个体由于受到不同环境的影响，使得某些个体与另一些个体彼此分开，相对集中于某些地区而成为不同的块状分布群。另外，你也许见过这样一种现象：对于同一种植物，生于距离比较远的不同地方的，或在同一产地但生于不同生态环境下的，其形态特征总是比长在一起的差异大，这是由长期生于有明显差异的不同环境而造成的。所以，居群的形成原因和基础与其生存环境密切相关。

居群是由个体组成的，但是这些个体不是简单相加，而是在一定环境条件下具有一定结构和功能的有机整体，具有个体没有的诸多新属性，如出生率、死亡率、年龄结构、分布格局等数量特征、空间特征和遗传特征。

居群不仅是物种存在、物种进化和承载种内关系的基本单位，其内成员共有一个基因库；而且也是遗传变异的基础，以及生物群落或生态系统的基本组成部分，同时也是生物资源开发、利用和保护的具体对象。因此，居群是生物多样性中一个重要研究对象。

19. 什么是生物多样性？分为哪些层次？

生物多样性是一个综合性的概念。按《生物多样性公约》所言，“生物多样性是指所有来源的活的生物体中的变异性，以及陆地、海洋和其他水生生态系统及其所构成的生态综合体，这包括物种内、物种间和生态系统的多样性”。通俗地说，就是指地球上一定时间和一定地区内所有的植物、动物、微生物，以及它们所拥有的全部基因和各种生态系统。它包括遗传多样性、物种多样性和生态系统多样性三个组成部分或三个层次。

生物多样性一方面体现了生物资源的丰富性，另一方面又反映了生物之间以及生物与环境之间的复杂性。它是人类赖以生存和发展的物质基础，不仅为我们提供了食物、药物、油脂、纤维等日常生活和生产等方面的原料，而且还携带有抗病、耐寒等各种潜在的基因资源，同时也影响着生物的生产、发展以及赖以生存的环境。我们人类本身就是其中的重要成员之一。所以，我们必须要对生物多样性有深刻的认识和足够的了解，并给予足够的重视，开展应有的研究和保护。

20. 什么是物种多样性？

什么是“物种多样性”？顾名思义，就是动物、植物、微生物等生物的种类极其丰富而多样，比如就植物而言，有作为粮食的小麦和水稻、作为油料的油菜和花生，也有美化环境的各种花卉和树木，还有你认识或不认识的、构成森林植被的各种野生植物，等等，成千上万。据科学家推断，全世界的物种有 1 300 万～ 1 400 万种，然而现在已知的物种仅约 200 万种。

物种多样性在生物多样性中有着极其重要的地位。它不仅是生物多样性的中心，也是其最主要的结构和功能单位；既是遗传多样性的载体，包含着丰富的遗传资源，又是生态多样性的构成者，影响着生物间以及生物与环境间的关系。

物种多样性除了上面泛泛地表述多样外，在具体应用上，通常还应包括两个方面：一是指一定区域内物种的丰富程度，既包括某个物种在区域内的数量，也包括区域内物种的数量；二是指物种分布的均匀程度，即一个群落或生境中全部物种个体数目的分配的均匀程度，换言之，即生态学方面的生态多样性或群落多样性。因此，物种多样性是衡量一定地区内生物资源丰富程度的指标。

21. 什么是遗传多样性？

遗传多样性是生物多样性的一个层面，指的是物种的遗传组成中全部的遗传特征之和。即存在于生物个体内、单个物种内以及物种之间的基因多样性，包括分子、细胞和个体三个水平上的遗传变异度，因而成为生命进化和物种分化的基础。它所考察的对象是生物的性状，这里的性状可以是基因层面也可以是表观层面的。就基因层面而言，一个居群内所有个体的同一个基因可能表现出极大的不同；就表观层面而言，人的单双眼皮、大豆的荚裂与否等，这些不同的性状状态都可以被认为是物种各自的遗传多样性的表现，或者说，我们没法在一个物种或是一个居群内找到两个完全相同的个体，这便是遗传多样性的表现。在一个物种中，遗传多样性为居群提供了适应变迁环境的可能性。如果一个物种内所有个体的遗传特征完全相同，或者在某一方面的遗传特征完全相同，那么环境一旦略有变迁，给该物种带来的影响可能是毁灭性的。

22. 影响物种及遗传多样性的自然因素有哪些？

（1）繁育系统

交配方式的影响表现在随着植物自交（近交）率的提高，其群体遗传多样性呈递减的趋势。交配方式也会对植物群体遗传结构产生影响，以自交（近交）为主的物种，其遗传多样性主要存在于种群之间，异交物种遗传多样性以种群内为主；传粉（种子）方式是影响遗传多样性的另外一个繁育系统因素，植物花粉与种子类型、散布方式和散布范围会对遗传多样性造成影响。例如，风媒传粉（散播种子）的植物与虫媒传粉（动物散播种子）的植物相比花粉（种子）的传播距离远，由其介导的基因流相对较高，遗传多样性也相应会高。

（2）遗传漂变

遗传漂变会引起等位基因的丢失或固定，从而导致群体遗传多样性的降低，遗传漂变速率与群体有效种群大小成反比。大多数外来入侵物种、引种植物、海岛域物种会表现出明显的种群遗传瓶颈或“奠基者效应”。

（3）自然选择

自然选择是导致种群遗传变异的主要因素之一。自然选择会增加植物种群不同个体基因型的繁殖分化，对植物表型性状遗传多样性的影响作用非常明显。自然选择压力越大，遗传多样性越丰富。

此外，气候变迁、生物入侵等也给生物遗传多样性带来巨大影响。

23. 影响物种及遗传多样性的人类活动因素有哪些？

随着人类活动范围的增加和对自然界干预强度的加大，人为干扰给物种的遗传多样性带来十分显著而深刻的影响。森林资源过度利用、农林业品种的单一化、草地过度放牧和垦殖、城镇化和旅游业的发展、外来物种的大量引进和入侵，等等，这些确定性人为因素是造成现代物种灭绝的首要原因，尤其是生境丧失、生境破坏以及过度利用对物种生存威胁最为严重。物种灭绝、种群消失将直接导致物种遗传多样性的丧失。主要表现在如下几个方面：

影响物种及遗传多样性的人类活动因素

（1）人类活动导致的生境丧失和破坏。这是导致遗传多样性丧失最直接，也最严重的因素之一。譬如疏花水柏枝（Myricaria laxiflora (Franch.) P. Y. Zhang Y. J. Zhang），原分布于三峡库区修建前海拔 70 ～ 155 m 的消落带。但是长江三峡工程修建后，由于生境丧失使得该种类已成为濒危植物。

（2）过度利用导致的物种及其遗传多样性丧失。在我国最明显的例子是原主要分布于内蒙古、宁夏、新疆、甘肃一带的大众药材——甘草，由于过度采挖，其野生资源现已趋于灭绝。

（3）农业、林业生产活动会对作物遗传多样性产生影响。优良品种选育过程中，人为地改变或创造了新的、适应人类需要的变异类型，但使动植物群体的遗传基础变得十分狭窄，出现了一些地方品种灭绝的现象，如九斤黄鸡、太平鸡、临桃鸡、武威斗鸡等地方品种现在已难觅踪影。

24. 一个物种如何影响人类社会发展？

不同的农作物参与造就了不同的文明类型：玉米造就的是神秘而生命力无比旺盛的玛雅文化、印第安文化；小麦造就的是抗争性的伊斯兰文化、政治文化；水稻造就的是亚洲南部的享乐文化与商业文化，植物就是这样以影响文化类型的方式影响着世界的格局与发展。

水稻是人类最重要的食物之一，世界上平均每人每年要消耗 65 kg 大米，全球大约有 10 亿人从事与水稻种植相关的工作，如果水稻突然绝种，至少有 15 亿人会陷入饥荒。我国古代早期的经济文化中心在黄河流域，南方比较落后，是和当地的粮食产量有密切关系的，水稻是南方的主要作物，总产量远不及北方主要作物谷子的总产量多。随着水稻栽培技术的不断改进，产量不断增长，逐步加速了南方经济的发展和人口的增长，唐朝中期全国经济重心开始向南方推移。现在由于水利的普遍兴建、双季稻的推广、近年杂交水稻的育成和推广，以及单位面积产量的大幅度提高，我国水稻的产量正在继续迅速地增长，以更少的耕地养活更多的人，间接加快了城市化的进程，促进了社会经济的发展进步。

25. 保护物种及遗传多样性为何重要？

物种及遗传多样性是人类社会赖以生存和发展的基础，我们的衣食住行及物质文化生活的许多方面都与生物多样性及其稳定性的维持密切相关。以食物为例，人类历史上大约有 3 000 种植物被用作食物，但是当前人类所需营养的50%以上主要来自小麦、水稻、玉米。目前往往由于追求高产，用的是遗传基因狭窄的单一品种，世界上每年由于作物品种单一导致病害而造成的损失超过250亿美元。提高抗病能力或提高其他抗逆能力的途径，包括与有抗逆能力的品种或野生品种杂交，或者应用基因工程手段把抗逆基因导入作物品种中去。在生态系统中，许多动植物之间存在着相互依赖的协同关系，一些靠昆虫传授花粉的植物，如果昆虫的多样性减少（有些还是专一性的），这些植物的生存就将面临威胁。由此，保存遗传多样性的重要性就显而易见了。

26. 物种及遗传多样性的保护途径有哪些？

物种及遗传多样性的保护途径主要有如下三个：

一是就地保护。建立自然公园和自然保护区已成为世界各国保护自然生态和野生动植物免予灭绝、得以繁衍的主要手段。我国神农架自然保护区、卧龙自然保护区对金丝猴、熊猫等珍稀濒危物种的保护和繁殖就起到了重要的作用。

二是迁地保护。由于栖息繁殖条件遭到破坏，有些野生动植物的自然种群将来势必会灭绝。为此，将濒危动植物迁移到动物园、植物园或建立珍稀濒危动物养殖场，进行保护和繁殖或划定区域实行天然放养。国家一级保护动物朱鹮一度被认为已经灭绝，野外发现个体仅为个位数，后因建立了陕西省洋县保护区，经人工繁殖，种群数量在 2008 年已达到 200 只。

三是建立全球性的基因库。为了保护作物的栽培种及其濒临灭绝的野生亲缘种，建立全球性的基因库。英国建立的“千年种子库”，截至 2010 年已经保存了世界各地 2.4 万多种植物的种子，其主要目的是保护世界野生植物中的 10% 免予灭绝。

27. 什么是《物种红色名录》？

世界自然保护联盟（IUCN）是目前世界上最大的、最重要的世界性保护联盟，其下属机构——物种存续委员会（SSC）负责制订《物种红色名录》。

制定《物种红色名录》的目的旨在为世界各国政府和地区提供一份濒危或将会濒危的物种名单，以便采取对应的保护措施，避免物种灭绝。由于红色通常代表紧急、迫切的意思，因此该名录被称为“红色名录”，以强调生物多样性保护的紧迫性，被认为是生物多样性状况最具权威的指导性文件。

该名录是根据严格的准则，对目前已知物种在自然的野生状态下面临的灭绝风险程度进行编制而成的。

根据 IUCN 制定的红色名录等级标准，依风险水平分别给予物种一定的濒危等级，具体等级为：绝灭－野外绝灭－地区绝灭－极危－濒危－易危－近危－无危。例如，最早发现于中国并被誉为“活化石”的水杉，原产地狭窄，数量稀少。虽然现在栽培较为广泛，但是由于受到人类农业活动的影响，其野生环境破坏严重，生存空间越来越小，目前被列为“极危”级别。

28. 为何设立“国际生物多样性日”？

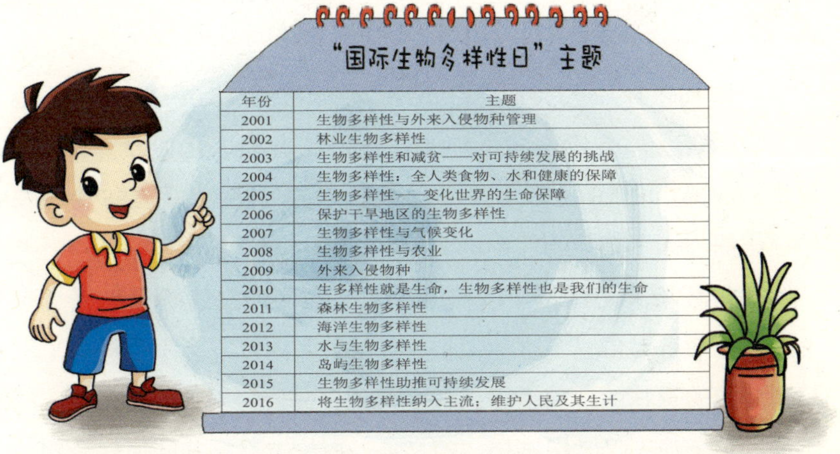

“国际生物多样性日”主题

年份	主题
2001	生物多样性与外来入侵物种管理
2002	林业生物多样性
2003	生物多样性和减贫——对可持续发展的挑战
2004	生物多样性：全人类食物、水和健康的保障
2005	生物多样性——变化世界的生命保障
2006	保护干旱地区的生物多样性
2007	生物多样性与气候变化
2008	生物多样性与农业
2009	外来入侵物种
2010	生多样性就是生命，生物多样性也是我们的生命
2011	森林生物多样性
2012	海洋生物多样性
2013	水与生物多样性
2014	岛屿生物多样性
2015	生物多样性助推可持续发展
2016	将生物多样性纳入主流；维护人民及其生计

一年中有许多个特殊的日子，或为传统节日，或为主题纪念日等，其中有一个特殊的纪念日，即 5 月 22 日的“国际生物多样性日”。

该纪念日缘于《生物多样性公约》。1992 年在巴西里约热内卢召开的联合国环境与发展大会上，153 个国家共同签署了《生物多样性公约》，并决定从当年 12 月 29 日起开始生效。两年后的 1994 年 11 月，在巴哈马召开的《生物多样性公约》第一次缔约国大会上建议将该公约生效的日子定为“国际生物多样性日”。但在 2001 年 5

月 17 日，根据第 55 届联合国大会第 201 号决议最终将该纪念日改为 5 月 22 日。

每年国际生物多样性日都紧贴有关的热点领域和问题设立一个主题。

国际生物多样性日的设立，就是为了唤起大众和政府对生物多样性的重视，提高全社会的保护意识，促使各个国家和地区以及公众联合起来应对保护和发展的问题，共同开创美好的明天。

29.《生物多样性公约》为何被广泛重视？

《生物多样性公约》（*Convention on Biological Diversity*）是一项旨在敦促全球各国参与保护地球生物资源、并于 1992 年 12 月 29 日生效的国际公约。自公约生效之日起，至今全世界有 188 个国家和地区组织加入了该公约。中国于 1992 年加入。

保护环境就是保护全人类，保护生物多样性就是保护人类自身的发展。随着对生物多样性保护、可持续利用以及公平合理分享利用遗传资源的意识的日益增强，《生物多样性公约》受到越来越广泛的重视。该公约不仅是国家层面的义务，履约方都要共同遵守公约的条款，而且也涉及我们每个人的切身利益，关乎每个人的生存和发展。可谓功在当代，利在子孙。

对于拥有丰富生物遗传资源的发展中国家而言，在其资源保护的资金和技术有限，以及国内立法尚待完善的情况下，该公约可以使其公平合理地分享生物资源利用惠益。在提供本国生物多样性资源的基础上，能够与发达国家平等对话，并获得合理的收益和技术支持。对于资金雄厚、科技先进、具有较高开发水平的发达国家而言，该公约具有一定的法律约束力，可以制约甚至杜绝以往的“掠夺式开发”。因为公约规定，发达国家将以赠送或转让的方式向发展中国家提供新的补充资金，以补偿它们为保护生物资源而日益增加的费用，须以更实惠的方式向发展中国家转让技术。

30. 什么是自然保护区？

自然保护区的定义分为广义和狭义两种。广义的自然保护区是指受国家法律特殊保护的各种自然区域的总称，不仅包括自然保护区本身，而且包括国家公园、风景名胜区、自然遗迹地等各种保护地区。狭义的自然保护区是指以保护特殊生态系统进行科学研究为主要目的而划定的保护区，即严格意义的自然保护区。其中狭义自然保护区按照保护的主要对象不同可分为生态系统类型保护区、生物物种保护区和自然遗迹保护区 3 类。

生态系统类型保护区保护的是典型地带的生态系统。例如，广东鼎湖山自然保护区，保护对象为亚热带常绿阔叶林；甘肃连古城自然保护区，保护对象为沙生植物群落；吉林查干湖自然保护区，保护对象为湖泊生态系统。

生物物种保护区保护的是珍稀的野生动植物。例如，黑龙江扎龙自然保护区，保护以丹顶鹤为主的珍贵水禽；福建文昌鱼自然保护区，保护对象是文昌鱼；广西上岳自然保护区，保护对象是金花茶。

自然遗迹保护区主要保护的是有科研、教育、旅游价值的化石和孢粉产地、火山口、岩溶地貌、地质剖面等。例如，山东的山旺自然保护区，保护对象是生物化石产地；湖南张家界森林公园，保护对象是砂岩峰林风景区；黑龙江五大连池自然保护区，保护对象是火山地质地貌。

31. 自然保护区有哪些作用？

自然保护区是就地保护物种及其多样性的最重要的措施之一，其作用主要表现在：①为生物特意保留栖息地，以最大限度地减小人类活动、生境丧失等给物种及遗传多样性带来的影响；②为各类相关研究保存一个完整的自然生态系统，便于进行连续、系统的长期观测以及珍稀物种的繁殖、驯化等。同时，提供一个当地生态系统的天然“本底”，对于人类活动的后果，提供评价的准则；③在涵养水源、保持水土、改善环境和保持生态平衡等方面发挥重要作用；④作为科普教育、生态旅游的重要场所。

32. 什么是植物园？

根据国际植物园保护联盟（Botanic Gardens Conservation International，BGCI）给植物园下的定义，植物园是这样的一种机构：拥有活植物的收集区；在活植物收集区进行记录管理，使之用于科学研究、保护、展示和教育；收集区的植物有适当的植物名牌和一定科学依据；与其他植物园、组织、机构和公众进行信息交流、种子或其他材料（在国际公约、国内法律和海关规定的法规之内）交换；开展植物监测等科学研究、对公众开放、推广和促进环境教育活动等。

33. 建设植物园的目的是什么？

从世界植物园发展的过程看，早期的植物园都是药草园、私人花园或宫廷花园，如我国汉代的上林苑，它们与现代植物园缺乏密切的联系。可以说，植物园是欧洲文明的产物。1544 年在意大利建立的比萨植物园是公认的世界最早的植物园。从 19 世纪中期到 20 世纪中期植物园有了较大发展，开始与一般的庭园或公园区别开来。到了 20 世纪后期，随着环境科学、工业化和社会经济的发展，植物园成为认识植物界的物种多样性、发掘和开发新经济植物、保护物种、开展旅游和科学教育的重要场所。现代植物园的主要作用表现在：

（1）保护植物多样性和保存植物资源。世界上现有 2 300 多个植物园，保育了 600 余万份植物种质资源。近年对 400 余个世界主要植物园的分析结果表明，世界植物园栽培有 8 万个物种（包括变种）。显然，植物园在世界范围内的植物迁地保护中举足轻重，被誉为保护植物的“方舟”。

（2）开展植物引种驯化及其他相关研究。植物园收集保存了丰富的遗传资源，便于在此基础上开展经济植物引种驯化以及长期的、连续的科学研究和监测活动。在保护生物多样性的同时，为人类的生存、发展服务。

（3）服务于城市建设。由于植物园的上述功能，及其在城市建设中特殊的生态服务价值，植物园正逐渐成为生态文明城市的标志之一，是集遗传多样性保育、科学研究、园林景观、科普教育、生态和文化建设于一体的重要城市空间。

（4）科普教育。植物园是国家和地方的科普基地和青少年活动基地，在生物保护、环境教育等方面是一个城市乃至一个地区科普场馆的重要部分。

34. 什么是“基因库”？

基因库是一定时间内一个物种全部个体所拥有的全部基因的总和。基因库的作用是保存基因资源以及与此有关的、有用的性状，以服务于经济发展、生态保护和人类健康的需求，如败育野生稻的发现极大地促进了我国杂交稻的发展。在讨论和建立基因库的过程中，人们总是希望得到所有个体及其基因，但由于物种分布的地域性、广泛性、复杂性等特点，即使对已知物种而言要穷尽所有个体及其基因也是不可能的，因此在实际应用中往往限制在一定范围（区域、类群）来进行，如我国业已建成的中国农作物种质库、中国西南野生生物种质资源库等。在建设针对单一物种基因库时则倾向于建立最具代表性的样本库，即核心种质库，这样既能保证基因多样性、代表性，又具有可操作性，因此是一种比较普遍的做法。根据实际需要和技术手段的发展，基因库的类型也不断发展和丰富，包括种子库、组织库、花粉（精子）库以及田间活体库等，其中以种子库和活体库最为常见和实用。

35. 什么是“千年种子库”？

建立种子库以保护生物多样性是植物迁地保护的一种现代化手段，可以在较小的空间安全地长期储藏大量种子，有效地保存植物的完整性和多样性。它的基本方法是：采集植物种子，经过清理，干燥到适当程度，封装后储藏于温度恒定为-20℃的冷库内。

目前许多国家都有不同类型的种子库，“千年种子库”则是其中一个规模最大、影响最广的种子库，也是世界上最大的迁地植物保护项目。“千年种子库”正式的名称叫“千年种子库合作项目”（Millennium Seed Bank Partnership），是英国千年委员会于1996年立项并投资3 000万英镑，总投资8 000万英镑建成的千年工程之一，故称为“千年种子库”。由英国邱园（Kew）设立、储藏于英国西苏塞克斯郡（West Sussex）。建立千年种子库的目的除了储藏英国所有 1 400 多种野生植物种子外，还要保护世界野生植物中的 10% 免予灭绝。到 2013 年年初，参与千年种子库的合作国家已达 50 多个，研究机构 120 余家，已储藏了来自世界各地的植物种子 16 亿颗，相当于世界野生植物种类的 10%，并计划到 2020 年储藏量达 25%。同时有另外 16 亿颗种子保存在原产国。

36. 引种驯化与生物资源永续利用有什么关系？

生物引种驯化是指通过人工栽培或养殖，自然选择或人工选择，使野生生物、外来（外地或外国）生物都能适应本地的自然环境和生境条件，成为生产需要的本地生物。

引种驯化可以有效提高生物资源的利用率，扩大种质资源的多样性和分布区域，为人类带来巨大的福利，同时也可能带来生物入侵等一些负面影响。因而，合理有效地运用引种驯化技术对生物资源的永续利用具有重要意义，要综合考虑环境的承载能力，遵循可持续发展的原则，正确处理好保护与利用的关系。

37. 什么是生物入侵？

生物入侵是指生物物种从原来的分布区域进入到一个新的区域，并通过定居、建群和扩散而逐渐占领该区域，从而对当地土著生物和生态系统造成负面影响的一种生态现象。

入侵途径主要包括自然途径和人为途径。自然途径是指生物通过自身的生长繁殖或某些媒介（如风、水流、动物）慢慢侵入其他生态系统的过程。例如，紫茎泽兰是从中缅、中越边境自然扩散侵入我国的。但是，大多数入侵种的侵入与人类活动有关。作为猪饲料的水花生于 20 世纪 40 年代引入我国，后逸为野生，成为南方湖泊、农田的主要害草，严重破坏了当地的自然生态系统。美国栉水母通过船舶压舱水进入黑海和亚速海，导致当地的鳗鱼几近灭绝，并使当地渔业萧条。

38. 生物入侵对生态系统有什么影响？

入侵种对生态系统的影响主要表现在与本地物种争夺资源和改变环境条件等方面 。

入侵种抢占本地物种生态位。外来物种在利用必不可少的资源方面常常胜过本地物种，使本地物种被排斥，从而改变生态系统的组成、结构和功能。例如，由于可以更有效地觅食，来自北美的灰松鼠正在取代英国本地的松鼠。

入侵种改变环境条件。入侵种通过对环境的改变(如遮荫、改变土壤或水体的酸度，影响生态系统过程（如能量流动、物质循环等），从而不利于本地物种的生长。20 世纪 60 年代，云南昆明的滇池原有水生植物 16 种、水生动物 68 种，自从引进凤眼莲（即水葫芦）后，本地物种数量急剧下降，到 80 年代，大部分水生植物相继消亡，水生动物也仅剩下 30 种。

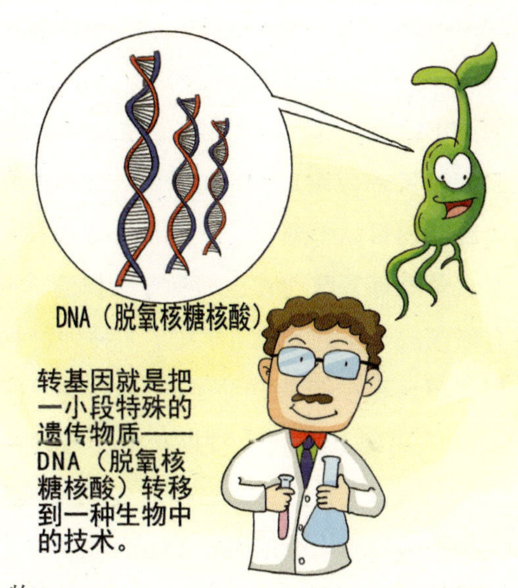

入侵种造成本地物种的遗传污染。入侵种侵入后与本地物种杂交，从而使一个本地基因库淹没于外来基因之中，消除了本地物种的独特性，并侵蚀该物种的遗传多样性，有时这种杂交还可能产生新的入侵种。如我国北方海区的虾夷扇贝可与本地物种栉孔扇贝杂交，从而威胁栉孔扇贝的生存。

39. 什么是转基因技术？

转基因技术可将某个具有特定功能的基因、采用一定的手段转移到一种生物中，被转基因的生物因为有了新的基因，从而具有了新的特殊的性状。简单地说，转基因就是把一小段特殊的遗传物质——

DNA（脱氧核糖核酸）转移到一种生物中的技术。例如，转基因抗虫棉就是一个很典型的例子。人类早就发现有一种叫作苏云金杆菌（简称 Bt）的细菌可以导致多种农作物害虫死亡。经过研究发现，苏云金杆菌的代谢过程中能产生一种 Bt 杀虫蛋白。这种蛋白不仅可以杀死鳞翅目、鞘翅目、双翅目、膜翅目、同翅目等昆虫，对动植物线虫、蜱螨等节肢动物也都有毒杀作用，同时对人、畜等非目标生物具有较高的安全性，因此开发了多种生物农药。随着生物技术的发展，人们将苏云金杆菌的 Bt 基因导入棉花植株的细胞中，使得棉株体内也能合成 Bt 杀虫蛋白，对棉铃虫、红铃虫、卷叶虫等常见的棉花害虫具有非常显著的抗性，这样的棉花在种植的时候不需要施用大量农药，不仅降低了生产成本，而且有利于保护环境。同样，通过把控制棉纤维颜色的基因转入棉花，可以得到转基因彩色棉；还可以同时或分次转入多个基因，得到同时具有多种新特性的品种，例如抗虫彩色棉等。因为转基因技术所操作的只是一段 DNA，可以在动物、植物、微生物之间进行。

40. 转基因技术发展与人类社会的关系如何？

采用转基因技术，人类以前所未有的速度获得了大量动植物新品种。种植或养殖转基因生物的优点是显而易见的。首先，可以大大降低生产成本。种植抗病或抗虫的转基因植物，可以减少农药的使用，同时也有利于保护环境，例如种植能抵抗花斑病毒的转基因非洲甜番茄，可以使产量翻倍。其次，有利于提高单位面积产量。转入具有特殊耐性的基因，可以更好地适应环境，在干旱、高盐或者极端温度等生长环境下也能生长。再次，通过转基因，还可以使生物具有期望的商品性状或营养性状，如延缓成熟，延长货架寿命，可以使保鲜销售期更长，也可以改变蛋白质和脂肪的含量，提高营养价值。

利用转基因技术快速育成具有高产、抗虫、抗病等特性的作物，可以在解决粮食短缺问题、减少杀虫剂、除草剂使用，节约生产成本，降低食物售价等多方面都有显著的直接效果。但是转基因生物并不是万能的，转基因作物可能演变为农田杂草；可能通过基因漂流影响其他物种；由于昆虫或其他病原具有适应进化的能力，一般经历2～3年时间，昆虫就会发生变异，产生抗体，从而使得植物丧失抗虫效果。

41. 转基因技术对生态安全有哪些可能的负面影响？

转基因食品的安全性虽然受到极大关注，但事实上这一问题在有足够实验的基础上是不难解决的。目前公众关注程度并不是很高的转基因生物的生态安全性，反而是更难解决的一个问题。转基因技术所利用、操作的基因，首先来源于自然界丰富的物种遗传多样性，转基因动植物在自然界散布，又可能通过影响物种遗传多样性而影响世界。但是转基因植物有可能对环境中的许多有益生物产生直接或间接的不利影响。如增加目标害虫的抗性和进化速度，可能产生超级害虫。基因转移可能产生超级杂草，严重威胁其他作物的正常生长和生存。转基因生物具有普通物种不具备的优势特征，会改变物种间的竞争关系，破坏生态平衡，导致物种灭绝和生物多样性的丧失。通过基因漂移（居群内某些等位基因的消失或另一些等位基因的固定从而可改变居群群体遗传结构的现象），对野生近缘种的遗传多样性也有潜在的威胁。转基因生物的大量推广，会造成传统的种质资源流失，遗传多样性减少。随着对转基因生物的了解越来越多，人类已经越来越清楚地认识到，转基因生物的安全性对于人类社会的深远影响已经超过人们的预期。

42. “超级稻”与物种遗传多样性有何联系？

杂种优势是人类最早认识并加以利用的遗传现象之一。杂交后代比它的双亲具有更强的生长速率和代谢功能是生物界普遍存在的现象。我国的杂交稻就是利用了野生稻遗传多样性获得杂种优势的典型例子。

1964 年袁隆平提出了选育杂交稻的设想。1970 年在海南岛发现天然野生稻雄性不育株（野生的花粉败育型雄性不育，简称“野败”），以“野败”为母本，通过杂交和连续择优回交，育成了不育系和保持系，通过测交筛选出恢复系，实现了三系配套。

超级稻即“超级杂交稻”，通常是指亩产达到800 kg以上的杂交水稻。传统糯稻的单季亩产为100～200 kg，粳稻为200～400 kg，我国20世纪70年代育成的杂交稻亩产可达500～600 kg。1996年提出的我国超级稻育种计划，第一期目标为2000年亩产达到700 kg；第二期目标为2005年亩产达到800 kg；第三期目标为2010年亩产达到900 kg。2011年农业部公布，袁隆平指导的“Y两优2号”百亩超级杂交稻试验田平均亩产926.6 kg，2014年实现了超1 000 kg的目标，创中国大面积水稻亩产最高纪录。

43. 我国对物种及遗传多样性保护制定了哪些法规？

我国对物种及遗传多样性保护制定的法规

序号	名称	类别（法律、法规、规章）	颁布时间	颁布单位
1	《中华人民共和国野生动物保护法》	法律	19881	全国人民代表大会
2	《中华人民共和国水生野生动物保护实施条例》	法规	1993	农业部
3	《中华人民共和国野生植物保护条例》	法规	1996	国务院
4	《中华人民共和国水产资源繁殖保护条例》	法规	1979	国务院
5	《中华人民共和国自然保护区保护条例》	法规	1994	国务院
6	《农业野生植物保护办法》	法规	2002	农业部
7	《国家重点保护野生动物名录》	法规	1989	林业部和农业部
8	《国家重点保护野生植物名录（第一批）》	法规	1999	农业部，国家林业局

为了有效地对我国物种及遗传多样性进行保护，我国出台了一系列相关法律法规，包括《中华人民共和国野生动物保护法》《中华

人民共和国野生植物保护条例》《中华人民共和国自然保护区保护条例》《中华人民共和国水生野生动物保护实施条例》以及《农业野生植物保护办法》等。研究制定了《国家重点保护野生动物名录》和《国家重点保护野生植物名录（第一批）》等。

44. 我国对野生动物栖息地的保护有哪些规定及措施？

履行相关国际公约以及制定相关法律法规等是我国野生动物保护的重要手段。我国已加入了《濒危野生动植物种国际贸易公约》《生物多样性公约》等国际公约，并颁布了《野生动物保护法》《自然保护区管理条例》《陆生野生动物保护实施条例》《濒危野生动植物进出口管理条例》和《国家重点保护野生动物名录》等。

我国致力于通过建立自然保护区来保护野生动物的栖息地，到2011年年底，我国野生动物类型的自然保护区为523个，总面积42.48万km^2，85%以上的国家重点保护野生动物得到有效保护。此外，我国各地也建立了濒危动物保护与繁育中心，针对各地区的濒危动物进行人工驯养与繁殖。

我国还与世界自然基金会、保护国际等野生动物保护国际组织保持着良好的合作关系，并成立了中国野生动物保护协会、“自然之友”等野生动物保护组织，有力地推动了我国野生动物保护的发展。

45. 道路工程建设对野生动物的生态影响有哪些？

动物栖息地的退缩、片段化以及质量下降，交通事故导致的动物死亡，噪声、灯光对动物行为的干扰，已成为威胁野生动物生存的重要因素，也是道路建设对野生动物影响的主要表现。例如，穿越新疆卡拉麦里有蹄类自然保护区的216国道、四川若尔盖湿地国家级自然保护区的周边公路、环长白山旅游公路等均记录过野生动物交通冲撞、致死事故。一些道路工程穿越野生动物的重要栖息地，造成对栖息地的切割和破碎化，对种群的扩散和交流产生一定的阻隔影响。

动物栖息地的退缩、片段化以及质量下降，交通事故导致的动物死亡，噪声、灯光对动物行为的干扰，已成为威胁野生动物生存的重要因素，也是道路建设对野生动物影响的主要表现。

46. 道路工程中减缓对野生动物的影响的措施有哪些？

首先，工程选址应尽量绕避和远离自然保护区、重要湿地、天然林、野生动物集中分布区等，从源头上减缓工程对野生动物的影响。在无法绕避的情况下，尽量采用隧道、桥梁等设计方案，提高桥隧比例，减缓道路工程对野生动物栖息地的破碎化和对野生动物活动的阻隔影响。桥梁设计应充分考虑野生动物的通行需求，并根据需要增设野生动物通道。

其次，在施工阶段，对施工人员进行野生动物保护的宣传和教育，组织人员学习如何简易识别和保护工地周边区域内经常活动的野生动物，禁止施工人员随意破坏植被和猎捕野生动物。同时，合理安排施工作业时间，尽可能避开野生动物活动的高峰时段（早晨、黄昏和夜间）。

最后，在运营阶段，在野生动物频繁出没的路段，设置醒目的宣传警示牌，如提醒驾驶人员减速慢行、禁止鸣笛、严禁停靠等标志牌，减轻工程对野生动物活动的影响。开展野生动物监测，并根据监测结果进一步补充、完善野生动物保护措施。

47. 野生动物通道的形式与设置方式有哪些？

目前国际上使用的野生动物通道有两大类——上方通道和下方通道

上方通道

下方通道

目前，国际上使用的野生动物通道有两大类——上方通道和下方通道。上方通道通常是在公路或铁路上方架设桥梁，车辆在下方穿行，也称为“陆桥”或“绿桥”。下方通道是在公路或铁路下方穿行的结构，包括各种桥梁、涵洞和管道。对于不同种类的野生动物对通道的设计有不同的要求，要根据目标动物的生境需求、行为特点、个体大小等进行设计。通道设置要事先考虑到各种影响其使用率的因素，如通道的形式、长度、直径、植被、通道底部基质类型、温度、湿度、光线、噪声、防护栏以及很多影响目标物种行为的潜在因素。

48. 水电工程对水生动物有哪些影响？

河流上修建的拦河大坝在发电、航运、灌溉、防洪等方面发挥巨大效益的同时，对水生生态系统也会产生一定的负面影响。

水利水电工程对水生生物的这些负面影响主要通过工程直接阻隔作用、水文条件变化、水温变化及泄水氮气过饱和等对鱼类产生影响，其中以工程直接阻隔作用为主要矛盾。

水利水电工程对水文、水温、水质和泥沙情势产生影响。水利水电工程建成后，会引起流域水文上的改变，如下游水位降低或来自上游的泥沙减少等。水库中各层水的密度、温度和溶解氧等有所不同。深层水的水温低，而且沉积库底的有机物不能充分氧化而处于厌氧分解状态，水体的二氧化碳含量明显增加。

人为工程阻隔了鱼类繁殖、索饵和越冬洄游，改变了水域生态环境，影响了天然种群的繁殖生长，使洄游性经济鱼类大量减产，有的几近绝迹；同时使天然鱼类小型化，种群结构低龄化，产品种类单一化。为减缓负面影响，经常会建设鱼道。鱼道又称过鱼设施，是帮助鱼类上行或下行通过大坝的工程和技术手段。

49. 公民要建立怎样的物种及遗传多样性保护意识？

现代科学技术所能探及的宇宙空间活动可以证明，地球仍然是我们人类赖以生存的唯一家园。这个星球上的大气层、水体、土壤与岩石以及包含在其中的生命形态和物质形态，组成了我们生存与发展必需的生态系统。保护生物多样性，不仅要保护生物物种本身，更根本的是要保护这个家园的整体性和坚韧性，使之能够承受更多的变化和冲击，也就是要保护地球生态系统。

为了减轻对地球的影响，长远地保证人类和其他物种的生存和繁荣，人类必须尽可能地减少对地球上自然资源的消耗与扰动，使得我们的生存与发展环境相对均衡，从而保证人类和其他物种永续的生

存和发展。当代人要为后代人着想，人类要关怀其他物种。

为了保护生物多样性，需要建立更多的自然保护区和保护地，来保护珍稀和濒危的动植物物种和生态系统；也需要建立种质基因库，保护珍贵的遗传多样性；对于那些已经遭受破坏或正在衰退的生境，需要投注资金和技术，开展减轻环境压力和生境恢复的工作；关注生物多样性丰富地区的民众生计，帮助他们增强可持续发展的能力、增强保护其传统文化的能力也是保护生物多样性的重要内容。同时，地球村的每个公民都要树立责任意识， 从自我做起，自觉认同保护生物多样性就要保护各类生态系统，就是保护我们自己。这是公民应该具备的基本意识。

第三部分
森林的生态服务功能与永续利用

50. 什么是森林生态系统？

森林生态系统是森林群落与其环境在相互功能作用下形成一定结构、功能和自调控的自然综合体，是陆地生态系统中面积最大、最重要的自然生态系统。与其他陆地生态系统相比，是生物种类最多、结构最复杂、能量转换和物质循环比较旺盛、生物生产力和现存量最大、稳定程度较高和生态效益最强的生态系统。具有抗御风沙、涵养水源、保持水土、调节气候、净化环境和保护周围其他生态系统等作用，是重要的生态屏障。如我国典型的森林生态系统长白山森林生态系统、西双版纳森林生态系统等。长白山森林生态系统是亚洲东部最典型、保存最完好的温带山地森林生态系统，对维持松花江、鸭绿江和图们江三大流域生态系统的结构和功能具有重要作用。西双版纳森林生态系统则是我国热带雨林生态系统保存最完整、最典型、面积最大的地区，也是当今地球上少有的动植物基因库，被誉为地球的一大自然奇观。

长白山森林生态系统

51. 我国森林生态系统有哪些主要类型？

我国森林面积为 19 545.22 万 hm^2，森林覆盖率 20.36%。我国森林类型多样，针叶林和阔叶林面积各约占一半，另有少量的针阔混交林。针叶林在每个地带中都有分布，包括寒温带的落叶针叶林、暖温带的温性针叶林、亚热带的暖性针叶林、热带的热性针叶林。此外，在垂直带上分布着亚高山针叶林（主要是云杉、冷杉林）。其余的则常为次生性针叶林，如各种次生松林，更多的则是人工营造而成的，如杉木林等。针叶与落叶阔叶混交林主要包括红松阔叶混交林，铁杉阔叶树混交林等。落叶阔叶林是中国东部暖温带地带性植被，在温带、暖温带和亚热带分布广泛。常绿阔叶林是中国湿润亚热带森林地区的地带性类型。硬叶常绿阔叶林在川西、滇北和藏东南一带存在。季雨林、雨林主要分布在台湾、广东、广西、云南、西藏等省（区）的南部和海南地区。

52. 森林生态系统是如何涵养水源的？

森林涵养水源的具体内容和过程为：森林中的雨水降落后，第一步是受到林冠层的拦截。大部分雨水降落后透过林冠落到下面的灌木草本植物层，被再次截留。降水到达地表上部后先落到地表层，森林地表层主要是枯枝落叶层。当枯枝落叶吸收水分达到饱和后，一部分渗入土壤中，而另外一部分就以地表径流的形式输出了生态系统。枯枝落叶可以阻止地表水的流动，对于地表径流的时间和强度起到缓冲作用，就能够减少地表径流量。综上所述，森林通过林冠层、灌草层、地表层以及林地土壤层等方式对雨水起到层层拦截、吸收以及蓄存大气降水的作用，使其降水量得到重新分配和有效调节，从而起到减弱降水对地表的侵蚀以及减少地表的水土流失的作用。另外森林在拦蓄降水的同时也可以净化水质。

森林涵养水源具体表现为截留降水、缓和地表径流、改善水质、补充地下水、抑制土壤蒸发、调节河川流量、涵养土壤水分等方面。1998 年的长江洪水正是因为生态破坏严重，尤其是长江上游森林生态系统遭受长期持续的严重破坏，导致大自然的报复。集中表现为在人口急剧增长的情况下，土地资源过度利用和不合理开发，滥伐森林，使得森林面积和质量都大大下降，在旱季由于缺乏森林，缺少森林凋落物和土壤层中所储藏的水对河流进行缓慢补充，使一些河流断流，泉源枯竭，而在雨季由于缺少森林，大量的降水不能储存，而直接变成水流，不断汇集，流入江河，使得短时间内流域内河流水位暴涨，造成洪水泛滥。这样的惨痛教训充分证明了森林所具有的净化水质、蓄水缓洪补枯和调节径流等功能及其生态功能的重要性。

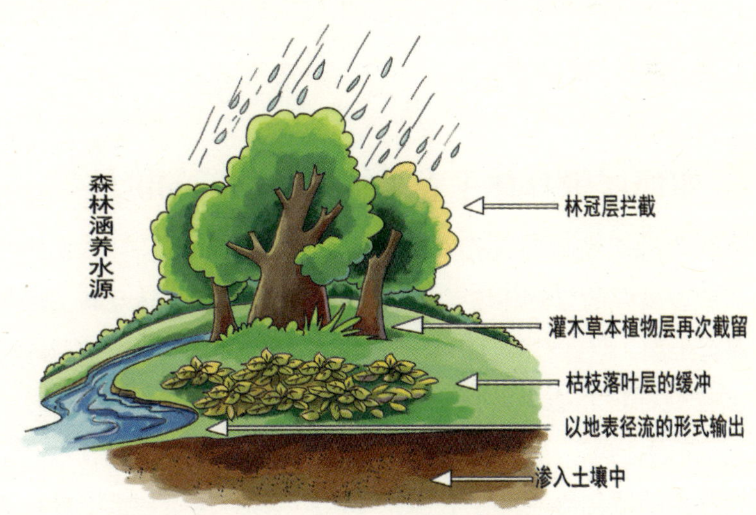

53. 森林生态系统如何减缓温室效应？

温室效应是由于大气中二氧化碳（CO_2）、甲烷（CH_4）、氧化亚氮（N_2O）、氢氟碳化合物（HFCs）、全氟碳化合物（PFCs）、六氟化硫（SF_6）等温室气体浓度的增加造成的。森林对温室效应的减缓作用主要表现为：

第一，森林生态系统能有效固定空气中的 CO_2 等温室气体，并释放 O_2，降低大气中 CO_2 的含量，减少地球对红外线的吸收，使其能逃逸出地球，从根本上减缓地球升温；

第二，森林生态系统是一个巨大的碳库，能将吸收的 CO_2 很好地固定储存，使 CO_2 转变为稳定的有机碳，很大程度上束缚了碳的循环，减少了大气中 CO_2 的浓度，使大气温室效应得以维持在正常水平；

第三，森林生态系统的绿色植物能有效地固定太阳能，将光能转化为稳定的化学能，从源头上减少大气中热能的输入，从而起到减缓大气的温室效应的作用。

54. 如何评价森林生态系统服务功能的价值？

森林生态系统服务是指森林生态系统与生态过程所形成及维持的人类赖以生存的自然环境条件与效用。主要包括森林及其在涵养水源、保育土壤、固碳释氧、积累营养物质、净化大气环境、森林防护、生物多样性保护和森林游憩等方面提供的生态服务功能。作为自然界最主要的生物库、能源库、基因库、二氧化碳存储库、绿色水库、天然抗污染的净化器，森林生态系统对大气圈、水圈、土壤岩石圈和生物圈都具有极其重要的作用。

在对森林生态系统服务功能进行评价时，可采用森林生态系统长期连续定位观测数据、森林资源清查数据及社会公共数据，通过实物量与价值量方法进行评估。一般要遵循以下流程：先确定评估的区域，然后明确该区域的主要生态功能；根据生态功能筛选合适的指标体系来确定评估方法；最后全面收集和调查整理数据进行生态功能服务价值评估计算，并对结果进行分析说明。

森林生态系统是支撑与维持地球的生命支持系统，维持生命物质的生物地化与水文循环，维持生物物种与遗传多样性，净化环境，维持大气化学的平衡与稳定。

由于生态系统服务功能不仅与生态系统本身，而且与当地的经济发展水平有关。因此，生态系统服务功能具有鲜明的区域特色。由于生态和经济转换两种过程之间存在着异质性、复杂性，造成生态系统服务价值评估的多面性和多价值性。这就给建立一套比较完善的评估体系增加了一定的难度。一部分森林生态系统服务价值评估案例中统计数据普遍采用气体调节这个指标，部分案例也采用了生物多样性、改善小气候等指标。

55. 森林生态系统服务的价值如何计算？

面对森林生态系统众多的服务功能，人们采用过许多方法来估算其服务的价值。目前主要采用的估算方法分为四大类：实际市场评估技术、替代市场评估技术、模拟市场评估技术和空间—能值分析技术，每一类又包含一些具体的计算方法。

例如，森林涵养水源和保育土壤等价值，可用影子工程法（替代市场评估技术），通过计算出相应库容的水库的费用来计算。净化大气环境和生物多样性保护等价值，可用调查评价法（模拟市场评估技术），通过模拟人们在市场中对洁净空气的支付意愿来计算。空间—能值分析技术包括生态遗迹法和能值分析法，目前由于其不够完善而应用较少。

56. 如何实现森林资源的永续利用？

森林永续利用是指通过科学经营林业生产和合理调整，发挥森林的再生作用，使森林周而复始地得到均衡利用。

森林永续利用可以从以下几个方面实现：

第一，制定以永续利用为中心的长期规划。根据森林资源清查的实际情况，合理调整采伐期、采伐量、采伐位置布局等，维持森林的高效率生长，保证供需平衡。

第二，有机结合育林、采伐、更新等各个生产环节。目前，我国森林资源利用的矛盾是资源少，供不应求，除了对现有森林提升单产和速生丰产外，更应以科学为指导，积极推进育林工作，扩大森林面积，科学合理采伐，保证采伐后林木更新时间，使森林资源得以持续利用。

第三，集约经营，完善管理体制。针对目前林权不清、利用率低、浪费严重、采育失调以及盗伐等问题，进行林木的集约经营，完善管理体制，从根本上填补漏洞、解决问题，改善和摒弃粗放经营模式、重采轻育等弊端，实现森林资源的永续利用。

57. 什么是人工林？

人工林是指采用人工播种、栽植或扦插等方法和技术措施营造培育而成的森林。按繁殖和培育方法一般分为播种林、植苗林和插条林等；按林种主要分为用材林、薪炭林、经济林、防护林等；按树种主要分为马尾松林、杉木林、杨树林、桉树林等。譬如三北防护林、围场塞罕坝林场等。

与天然林相比，人工林具有生长快、生长量高、开发方便和获得效益早、木材规格和质量较稳定、便于加工利用、结实较早和便于管理等特点。但人工林也存在树种单一、林中生物多样性低的缺点。例如，我国南方山区种植的杉木林、北方种植的杨树林，因具有生长快、易成活、材性好等特点，此类人工林种植面积很大，林中其他植物竞争力不如这些人工树种，导致人工林中生物多样性较低，易发病害等。

58. 人工林与天然林的生态效益有何差别？

天然林分为两类，由原生裸地上开始的植物群落，经过一系列原生演替阶段所形成的森林，称为原始林；在次生裸地上，经过一系列次生演替过程和阶段所形成的森林，称为次生林，这两类森林统称为天然林。

人工林和天然林都具有生态效益，但与天然林相比，人工林有以下几大劣势：人工林地表植被稀疏，因而保持水土的能力比较弱，如人工杨树林；人工林中营养循环过程被阻断，土壤营养日益匮乏，如城市绿化行道树、公益林等；人工林生态质量状况相对较差，生物多样性低，生态系统脆弱，稳定性差，如公路（河流）两侧的路旁林、防护林。

59. 海岸带红树林的主要生态功能有哪些？

红树林是生长在热带海湾或河口淤积盐土上的一类长期或周期性被海水浸泡的常绿木本植物群落。红树林生长于陆地与海洋交界的滩涂浅滩，是陆地向海洋过渡的特殊生态系统。由于红树林的主要代表树种由红树科植物组成，并且红树科植物因其树皮富含单宁酸，遇空气氧化后呈现红色，因此人们将这类树林称为红树林。红树林分布在以赤道为中心的南北回归线之间。具体分布在在亚洲和西太平洋海岸、美洲、西印度洋和西非海岸。在我国主要分布于海南、广西、广东、福建、台湾、香港、澳门等地，浙江也有少量分布。

红树林别看其貌不扬，但作用却很大。红树林植物通常都长有发达的支柱根，盘根错节的发达根系能有效地滞留陆地来沙，促淤保滩、减少近岸海域的含沙量；同时，茂密的红树林植株宛如一道强壮的绿色长城，可有效抵御风浪袭击；红树林生态系统还为海鸟、虾蟹、鱼类，甚至是哺乳动物提供了良好的栖息场所，为小动物提供了栖息、活动和躲避天敌的避难所，也是很多动物重要的觅食地和产卵地。此外，一些红树林植物还可以作为工业和制药原料，具有重要的经济价值。如我国的广东湛江红树林国家级自然保护区记录有鸟类达 194 种，是广东省重要鸟类集聚区之一，贝类有 130 种，鱼类有 139 种，生物多样性十分丰富。

红树林的支柱根

红树科木榄

60. 热带雨林的主要生态功能有哪些？

调节气候，维护地球上的碳氧平衡：大气层中每年都有大量的二氧化碳通过植物光合作用被固定下来，同时又向大气中释放大量的氧气。

维持全球的水循环和水平衡：森林在自然界中起着类似海绵的作用，能够吸纳和滞蓄大量降水，并通过自身的蒸发和蒸腾作用又重新返回大气中，形成云雨。热带雨林在这方面的作用更为突出，亚马孙流域降水量的大约 50% 是由该地区的雨林自身所产生的。整个亚马孙雨林所涵养的水量约占地表淡水总量的 23%，足见其对全球水循环和水平衡影响的重要性。

世界生物基因宝库：雨林是全球最古老的植物群落，在生物进化史上，雨林是地球上繁衍物种最多、保护时间最长的场所；1988 年确定的全球生物多样性热点区域有 10 处，均在热带雨林地区，至 2000 年，全球有 25 处热带雨林区域是多样性研究热点区域。热带雨林物种丰富的例子很多，在 $1hm^2$ 区域内通常有 40 ～ 100 个物种，个别的超过 300 个物种。如在阿巴拉契亚山脉，$1hm^2$ 区域内仅树木就多达 30 种；在哥斯达黎加热带雨林有超过 1 600 种植物，在亚马孙流域有超过 1 800 种植物。

为全球提供高效的生产力：热带雨林的净初级生产力最高，每平方米平均生产超过 2 000 g 干物质，是陆地上生产力最高的区域。

61. 竹林的主要生态功能有哪些？

竹林的主要生态功能有：①生物多样性保护，主要有维持竹种多样性、种质资源分布多样性、生物群落多样性以及多样性保护等方面；②维持生态功能，维持竹林所具有的结构，稳定竹林生物量和生产力；③水源涵养、水土保持等生态功能，竹林通过水文生态过程，达到水土保持以及水源涵养的功能；④碳汇及其循环功能，竹林形成稳定的养分平衡和循环，特别是碳储量的形成，形成固碳释氧的等功能；⑤净化空气的功能；⑥降低噪声的功能，通过茂林修竹可以降低噪声的分贝，达到减噪功能；⑦游憩的功能，竹号称“四君子”之一，历来在中国传统文化中具有重要地位，因此能够给人们在游憩中带来愉悦和诗情画意。

62. 我国主要有哪些“外来”森林病虫害？

我国外来森林病虫害有 20 多种，其发生面积约 220 万 hm^2，约占林业有害生物发生总面积的 1/4。

外来森林病害包括松材线虫病、落叶松枯梢病、松疱锈病、松针褐斑病、杨树花叶病毒等。如松材线虫病自传入我国以来，已扩散至 16 个省（区、市）的 200 个县，累计致死松树 5 亿多株，毁灭松林 30 多万 hm^2，目前呈跳跃式传播，严重威胁南方 3 000 多万 hm^2 松林。

外来森林虫害包括椰心叶甲、曲纹紫灰蝶、红脂大小蠹、西花蓟马、松突圆蚧、美洲斑潜蝇、刺槐叶瘿蚊、水椰八角铁甲、蔗扁蛾、湿地松粉蚧、刺桐姬小蜂、褐纹甘蔗象、锈色棕榈象、红火蚁、茶藨子透翅蛾、苹果绵蚜、双钩异翅长蠹、美国白蛾、苹果蠹蛾、日本松干蚧、温室白粉虱等。如美国白蛾首先在我国辽宁省丹东市发现，逐步扩散至山东，并沿两省渤海湾地区向天津、河北扩散，2004 年传入北京，对北京的城市园林景观和生态安全构成严重威胁。椰心叶甲在海南省发生后，迅速扩散蔓延，直接影响到海南省 50 万椰农的生产生活。

63. 大量栽培橡胶林为什么会降低生物多样性？

橡胶林特殊的种植模式导致橡胶林下几乎寸草不生，成为生物多样性的“荒漠”。

天然橡胶有合成橡胶不可替代的功能和作用，具有很高的经济价值，因此在热带地区被大面积引种栽培。例如，20 世纪初在我国的海南省、云南省、广东省等省区已经种植了大面积的人工橡胶林。橡胶林也是林，为何会降低生物多样性呢？

主要原因是：种植橡胶林的区域均为热带地区，种植橡胶林需要先砍伐原先的热带雨林，再放火焚烧掉其他植物，然后还要对林地的土壤进行深挖翻耕，才能种植橡胶种子或幼苗，橡胶幼苗生长期间还要采取不断除草、翻土的措施，去除别的植物，只保留橡胶。很多橡胶林还会使用“草甘膦”等化学除草剂。正是因为橡胶林这种特殊的种植模式，才导致橡胶林下几乎寸草不生，成为生物多样性的“荒漠”。因此，我们在种植橡胶林发展经济的同时，必须要高度重视橡胶林对区域生物多样性的影响，避免天然森林的无节制砍伐，保护好区域生态系统的多样性，确保我们家园的生态安全。

64. 公众为保护森林能做些什么？

森林与人类的生活息息相关，保护森林就是保护人类的生存环境。我国人均森林资源量严重不足，保护森林显得倍加紧迫和重要。为有效地保护森林，我们可以从以下几个方面着手：

第一，禁止乱砍滥伐，改变“靠山吃山”的落后观念。山上的森林不是“上帝”只传给你的，还要留给子孙后代。如果现在把树木砍伐光了，山秃了，几年后会带来“泥石流”等灾难。第二，要积极参加各种形式的植树造林活动，以自己的实际行动为增大森林面积出一份力。在日常生活中要树立保护森林、爱护树木的环保意识，不破坏林木，不在林区玩火、吸烟，做一名爱绿护绿的好公民。第三，要树立绿色消费、低碳生活的环保理念。树木是造纸的主要原材料，在工作和生活中我们要努力节约用纸、不铺张浪费，同时，注意节约能源，养成绿色消费的好习惯，这样可以为减少森林砍伐作出积极贡献。第四，努力改变以薪材为主的能源结构，积极采用其他替代能源。第五，做一名爱护森林的宣传者，积极宣传森林可以提供新鲜空气、木材产品、保持水土等重要的生态服务功能，保护森林就是保护我们的“绿肺”和生存环境，勇于同身边破坏森林的行为作斗争。

滇西北保存完好的高山森林

滇西北遭砍伐的高山森林

第四部分
草地的生态服务功能与永续利用

65. 什么是草地？有哪些类型？

草地是具有一定面积，可以用于放牧或割草的植被及其生长地的总体，且具有多种功能。

为了将草地与其他地类区分开来，全国农业区划委员会和农业部等有关部门规定：我国天然草地包括植被总盖度＞5%的各类草地、树木郁闭度＜0.3的疏林草地、灌丛郁闭度＜0.4的疏灌丛草地、弃耕还牧持续撂荒时间大于5年的次生草地。上述规定使得草地与稀疏植被（或荒漠）有了明确的划分界限，使得草地与林地划分有了依据，也将草地与农闲地容易区分开来，明确地规范了用地行为。

我国草地通常分为两类，一类是自然形成的草地，称为天然草地，习惯上均将我国北方和西部大面积连片天然草地称为草原；另一类是施加了较多农业措施、经过人工栽培的草地，称为人工草地，草坪则是专为绿化和美化环境用的一种特殊人工草地。

66. 什么是草地生态系统？

草地与森林一样，是地球上最重要的陆地生态系统类型之一。草地生态系统是指在大陆性半湿润和半干旱气候条件下，中纬度地带由多年生耐旱、耐低温、以禾草占优势的植物群落的总称，指的是以多年生草本植物为主要生产者的陆地生态系统。草地生态系统也是由生存环境、生产者、消费者和分解者构成，具有由植物—食草动物—食肉动物组成的食物链，以及由众多的食物链构成的食物网。

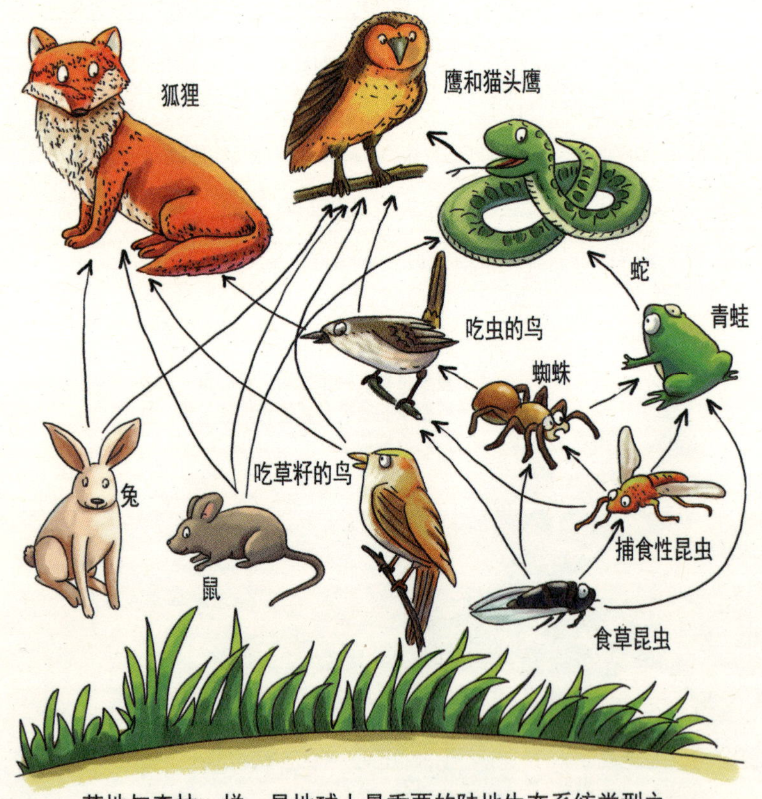

草地与森林一样，是地球上最重要的陆地生态系统类型之一

草地生态系统可以分为人工草地生态系统和天然草地生态系统两大类，是农业生态系统的一个组成部分。草地生态系统以生产饲用植物、动物和动植物产品为主，全世界植物生物量中约有 36% 来自草地生态系统。草地包括草原与草甸两大类，前者由耐旱的多年生草本植物组成，在地球表面占据特定的生物气候地带，后者由喜湿润的中生草本植物组成，可出现在不同生物气候地带。

黄河源的草地生态系统

草地上生长的野花

67. 草地生态系统的特点有哪些？

与其他生态系统相比，草地生态系统在类型组分、生态过程、环境条件及其效用等方面具有完全不同的特点，它是以土壤—草地—家畜—牧民为一体的生物群落与其生态环境之间，在能量和物质交换及其相互作用过程所构成的一种复合生态系统。草地生态系统是畜牧业的生产基地、草原文化传承的基础，对维持自然生态系统格局、保障区域生态安全具有重要作用。

我国草地资源主要分布在年降水量 400 mm 以下的干旱、半干旱地区，青藏高原以及南方和东部地区等。不同区域草地生态系统的特点如下：①北方温带草地。以大、小兴安岭向西、西南直至新疆西部国境线，地带性植被为：草甸草原—典型草—荒漠草—草原化荒—温性荒漠，该地区以山地草甸和山地草原为主体。②青藏高原高寒草地：地带性植被由东南向西北依次为：高寒草甸—高寒草甸草原—高寒荒漠草原—高寒荒漠，该地区草地水热条件差，生产力低。③南方和东部次生草地。绝大部分系森林植被屡遭破坏后形成的次生草地，以秦岭—淮河一线为界，以南为热性草丛草地。该地区草地分布零星，产草量高，但草质差。

68. 草地生态系统的服务功能包括哪些方面？

草地生态系统的服务功能主要包括生态功能、生产功能和生活功能三个方面。其中，生态功能为系统所固有，是系统维持和发展的基础；生产功能体现为特定区域畜牧业经济发展；生活功能主要体现为牧民的繁衍生存与草原文化传承。

（1）生态功能：是指其生境、生物学性质或生态过程，是系统提供生态资源的先决条件和维持社会经济发展的基础，主要包括气候调节、养分循环、固碳释氧、削减二氧化碳、水源涵养、土壤形成与保护、滞留沙尘和生物多样性维持等。

（2）生产功能：是为生命系统提供各种消费资源，主要包括家畜生产、草产品和药用植物等，该功能对支撑畜牧业发展具有重要作用，也是诱发草地退化的主要原因。

（3）生活功能：是生态功能和生产功能的综合体现，是一个“人—草—畜—生态—文化”有机结合的载体，主要包括经济保障、文化传承和休闲旅游等。

69. 我国草地生物多样性情况如何？

我国是世界草地资源大国，全国草原面积近 4 亿 hm^2，约占国土面积的 41.7%，为耕地的 3.7 倍、林地的 3.1 倍，是我国六大自然资源之一。我国绝大多数草原植物是亚洲中部干旱半干旱区的特有成分。全国第一次草地资源普查结果显示，共有 254 科、4 000 多属、9 700 多种植物，世界著名栽培牧草在我国草原均有野生种和近缘种分布。我国共有草地饲用植物 6 704 种，分属 246 科 1 545 属，超过 100 种的科有豆科、禾本科、菊科、莎草科、蔷薇科、藜科、百合科、蓼科等 9 个科，计有饲用植物 3 873 种，占全部饲用植物的 62%。分布于草原区的国家重点保护动物中，Ⅰ级有 14 种，Ⅱ级有 48 种，如蒙古野驴、野牦牛、藏羚羊、盘羊、野驴等。

70. 草地生态系统如何涵养水源？

草地生态系统涵养水源的功能是通过草地的植被对降水截留，凋落物吸收水分、土壤吸水增加含水量以及通过综合作用阻缓地表水流流速、推迟水流产生时间等方式形成的。也就是生态系统中的植被、枯落物和土壤对降水的再分配过程。

从空中降落的水珠经过草地植被地上的枝叶层的时候，植物的枝叶截留作用使得降水停留在植物的枝叶层，当降水强度增加或者截留超过一定的临界值时，降水就会穿过枝叶层到达地表的枯枝落叶层。枯枝落叶层主要由未分解和半分解的枯枝落叶组成，具有较强的吸收水分的能力，当降水到达该层时，枯枝落叶能够吸收大量的水分，进一步减少水分向土壤下渗和沿着地表流动，当枯枝落叶吸收水分达到饱和后，进入枯枝落叶层的水分将分成向土壤下渗和沿着地表流动两部分。由于枯枝落叶层表面粗糙，能够阻碍水沿着地表流动，因此促进了水流下渗。枯枝落叶层下就是枯枝落叶分解后形成的土壤有机质层，土壤有机质具有良好的吸水能力和透水性，有机质层能够吸收大量水分，同时也能较好地下渗水分。随着水流进入土壤，因为草地植被根系发达、纵横交错，形成紧密的根系网，可以疏松土壤，提高土壤的透水性和渗透速度。草地根系网和土壤团粒结构的综合作用，可以显著增加草地土壤对降水的渗透和贮蓄作用。草地植被不仅可以遮挡雨水、阻缓地表水流流速、推迟水流产生时间，而且对地表蒸发的分散、阻滞、过滤等也具有重要作用。

71. 我国草地等级如何划分？

我国草地等级主要有两类划分方式：

（1）依据饲用价值划分

依据草地上各种牧草的饲用价值（适口性、营养性、可利用性）

分别归入优类、良类、中类、低类、劣类五类牧草中的某一类中，统计各类牧草在草群中所占重要百分比，划分为5个等级。

（2）依据产草量划分

依据草地上草群产草量（年内最高产量时期测定值），划分为8级。

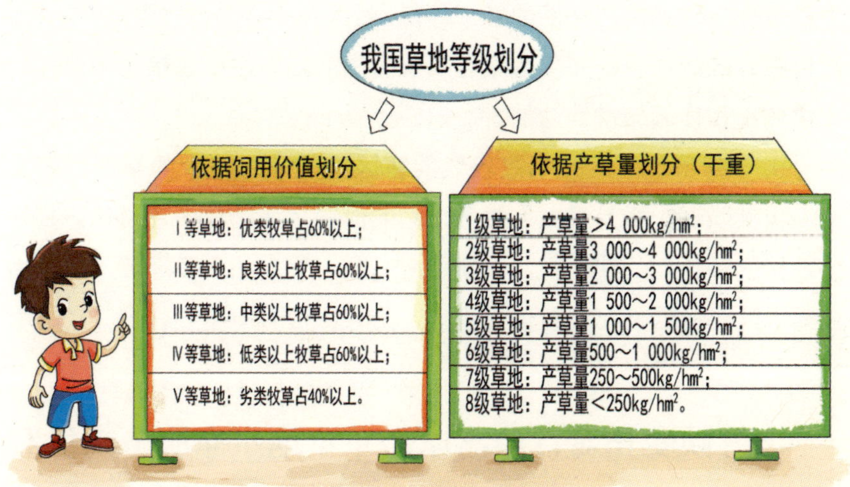

72. 高寒草地生态系统有什么特殊性？

高寒地区具有海拔高、气温低、光照强、生长期短等特点。高寒草地植物基本由超旱生、耐寒温、叶退化或特化、植株多为垫状小半灌木组成，叶小而质厚，群落中植物种类十分稀少。

高寒草地生态系统的本质特征主要表现为保护生态环境、生产草畜产品和维持牧民生活的功能，即生态功能、生产功能和生活功能（“三生功能”）：

高寒草地生态系统的生态功能包括气候调节、养分循环与贮存、固碳释氧、水源涵养、土壤形成、侵蚀控制、废物处理、滞留沙尘和生物多样性维持等方面。

高寒草地生态系统的生产功能为生命系统提供各种消费资源，是其生产属性的具体反映。主要包括家畜生产、草产品和药用植物等。

高寒草地生态系统的生活功能是对草地社会属性的具体反映，也是生态功能和生产功能的综合体现，是“人—草—畜—生态—文化”有机结合的载体。高寒草地生态系统的生活功能主要包括经济保障、文化传承和休闲旅游等功能。

由于高寒地区既是气温较低的寒区又是降水较少的旱区，生态环境极其脆弱，极易受到人类活动影响而发生风沙化、荒漠化。高寒草地植物在长期的演化中，不断适应高寒（旱）的生长环境，表现出枝矮、叶小等特性，但对保持水土、防风固沙具有重要作用。

73. 气候变化对青藏高原高寒草地生态服务功能有哪些影响？

青藏高原具有特殊的生态环境和气候条件，孕育了世界上独具特色的高寒草地生态系统，是全球变暖的敏感区域。由于其海拔高、干旱、寒冷和气候敏感等特点，青藏高原高寒草地十分脆弱、受气候变化影响显著，主要表现为极端干旱引起的草地退化、季节洪涝导致的草场淹没、草地鼠害虫害局部泛滥、低质和有毒草类分布面积急剧增加等。

气温升高、降水变化等导致青藏高原高寒草地生态系统的固碳释氧、水源涵养、水土保持和生物多样性维持等生态功能持续退化，高寒草地的生产能力降低，草原文化的传承受到严重影响等，对青藏高原区域生态安全屏障保护和广大农牧民的生产生活构成巨大的潜在威胁。

由于其海拔高、干旱、寒冷和气候敏感等特点，青藏高原高寒草地十分脆弱、受气候变化影响显著，主要表现为极端干旱引起的草地退化、季节洪涝导致的草场淹没、草地鼠害虫害局部泛滥、低质和有毒草类分布面积急剧增加等。

草地鼠害虫害局部泛滥

部分草地沙化严重

74. 为何亚高山草甸又被称为五花草甸？

亚高山草甸分布于山地森林上界附近的地段，所在地高程因纬度、坡向和湿度差异有所不同，中国西部和西北部的高山地区的海拔高度为 3 000 ～ 4 000 m，在中亚和高加索则仅为 1 500 ～ 2 500 m。再往上就过渡到高山草甸。

亚高山草甸由于独特的海拔气候条件，导致无霜期较短，冬季寒冷，多风，因此，亚高山草甸生态系统中的草本植物物候期比较集中，且生活史较短，从萌芽、抽穗到开花、结实的整个过程常常都集中在 2 ～ 3 个月内完成。这样就会使得很多种类的草本植物在 7 月至 8 月的夏季集中开花，短时间内开花植物种类多。并且高海拔区域由于紫外线较强，花的颜色也更为多样，紫色花较多，集中开花时，大面积的亚高山草甸成为一片花的海洋，五颜六色，万紫千红。所以，人们又给亚高山草甸取了“五花草甸”这个更为形象的名字。例如我国华北地区的百花山、松山、河北的坝上草原，都是典型的亚高山草甸。

黄河源的草地生态系统

草地上生长的野花

75. 什么是草地承载力？

草地能够承载的牲畜数量是有限的，如果超过限度，就容易发生过度放牧现象，可食性牧草被牧食的就越多，导致毒草和杂草增多，进一步导致优质牧草产量下降，打破了畜草之间内在的平衡。单位面积上可食牧草减少，牲畜不得不增大觅食范围和频次，这加重了对草地土壤结构的破坏，进一步限制了牧草的生长，形成恶性循环，导致草地退化。因此，在维持良好生态状况的前提下，草地所提供的资源和环境对人类社会发展的支持能力是有限的，这种可持续的支持能力就是草地承载力。在通常情况下，人们习惯用草地所能承载的牲畜量作为草地承载力的一种衡量指标。

通俗来讲，维持草地处于健康生态状态的情况下，10 亩草地适合承受 5 只羊放牧，如果实际放牧数量超过 5 只就会导致超载，出现过牧现象，超出数量越多则退化越严重。为了维持草地资源的可持续利用，这 10 亩草地上放牧羊的数量应该保持在 5 只或 5 只之下。

76. 危害草原生态系统的生物种类有哪些？

草原生态系统受到的生物危害可分为病害、虫害和鼠害三大类。

病害有侵染性病害和生理性病害两种。侵染性病害包括细菌病害，如苜蓿枯萎病；真菌病害，如草木樨、沙打旺的白粉病；病毒病害，如冰草花叶病、苜蓿花叶病；寄生植物和线虫害，如菟丝子、线虫等。生理性病害是由水分、养料不足或过多，温度过低或过高，阳光过弱或过强等不适应的外界环境引起的病害，如由于缺磷而导致植株矮小，叶片出现紫红色，水分不足或过多而发生凋萎，低温霜冻而引起叶色褪绿，甚至造成植物死亡。

虫害的种类极多，按其口器可分为两类。一类是咀嚼式口器类，如蝗虫、金龟子、蝼蛄、黏虫、蛴螬、地蚕等；另一类是刺吸式口器类，如蚜虫、红蜘蛛和蝽象等。

鼠类的挖掘和盗用活动可降低草原生产力，鼠类盗洞活动会减少牧草生长覆盖面积。鼠类的啃食活动会破坏草原植被，导致草原进一步退化，害鼠啃食并切断植物根系会使大量地上植物死亡，许多优良牧草减少，植物群落发生退化性演替，使草原进一步退化，甚至引起草原沙漠化。

草原生态系统受到的生物危害

77. 我国草原蝗灾的成因及危害是什么？

蝗灾（蝗虫种群的大爆发）一直被认为是严重威胁我国农牧业生产的三大自然灾害之一。因蝗虫喜食肥厚的植物叶片，蝗灾轻时影响牧草质量和农作物产量，重时造成牧草和农作物绝收。中国历史上蝗灾迭起，受灾区多集中于河北、河南、山东三省，江苏、安徽、湖北等省也有分布，严重时可能遍及整个黄土高原，据邓云特《中国救荒史》统计，秦汉蝗灾平均每 8.8 年一次，两宋为 3.5 年，元代为 1.6 年，明、清两代均为 2.8 年，受灾范围、受灾程度堪称世界之最。

蝗虫形成灾害，一是自然因素。由于全球气候变暖，春季气温回温早，夏季炎热，冬季温暖，致使蝗虫越冬死亡率低，蝗蝻发生期普遍提早，东亚飞蝗发生世代有北移趋势。另外，世界性和区域性气候出现异常或旱涝频繁，也利于蝗虫适生条件的生成。

二是人为因素。水利工程兴修不当，草场管理不善、过度放牧等不适宜利用自然资源的活动导致环境受到严重破坏，大面积土地裸露，为蝗虫产卵提供了良好的温床。

三是形成蝗灾的主要因素，即蝗虫具有繁殖速度快、生殖后代多、食性广、食量大、扩散迁飞能力强等生态学特征。

四是人们对水情、旱情和气候变化动态发展的侦察监测有所忽视，对相关情报掌握不足、不及时，甚至失误，使得蝗灾得以大规模泛滥。

78. 什么是草地退化？

草地退化是指天然草地在干旱、风沙、水蚀、盐碱、内涝、地下水位变化等不利自然因素的影响下、在过度放牧与割草等不合理利用，以及滥挖、滥割、樵采破坏等自然或人为原因下，导致草原的植被组成和土壤性质变劣、产草量下降、草地生态环境恶化、草地牧草生物产量降低与品质下降，从而导致草地利用性能降低，甚至失去利用价值的变化过程。

其特征是：

（1） 草群种类成分中原来的建群种和优势种逐渐减少或衰变为次要成分，而原来次要的植物逐渐增加，最后大量非原有的侵入种变成为优势植物；

（2）草群中优良牧草的生长发育减弱，可食草产量下降，而不可食部分比重增加；

（3）草原生境条件恶化，出现沙化、旱化及盐碱化，土壤持水力变差，地面裸露；

（4）出现鼠害、虫害。

79. 草地退化的主要原因有哪些？

草地退化的原因可以分为外因和内因两个方面。外因指气候变化等非人类可控制的因素。近年来，认为草地退化主要是气候变化引起的大有人在。对分布于内蒙古草原区 4 个代表性气象台站的气候资料的分析显示，该地区近 30 年气候变化的趋势呈波动性地向温暖方向发展。与 20 世纪 70 年代相比，90 年代年均温度升高 1.40℃左右，年降水量增加 15.1 mm（4.1%）。值得注意的是，无论是温度还是降水，其年际间的变幅近年来明显加大。较之于气温或降水的些许升高，这可能对草地植被有更重要的影响。

虽然气候变化对草地植被会有直接的作用，但单从近 30 年的气候资料，很难作出近年来由于气候变得干燥加速了草地退化的结论。

草地退化的内因指由人类活动，主要有两个。

首先是草地生态系统中营养元素的流失。以内蒙古锡林郭勒典型草地为例。据研究，由于放牧生产等原因，锡林郭勒草原上的氮元素和磷元素的净流失速率大约为 1.28 kg/（hm^2·a）和 0.28 kg/（hm^2·a）。这种长期的营养物流出入失衡造成了土地基质中营养物质的严重亏空，是草地生态系统劣变的主要原因之一。草地畜牧业生产中长期的无投入使草地生态系统成为一个只出不进的耗散系统，而耗散系统的最终结局将不可避免的是系统的崩溃。

其次是牲畜对草地植被的过度利用（特别是在草地植被处于对干扰十分敏感的春季返青期）。由此造成了生态系统中生产者和消费者之间的失衡。草地生产力的季节性变化与畜牧业生产平衡需求的分异加剧了草畜矛盾。根据锡林郭勒草原的季节性草畜平衡计算结果，虽然天然草地的饲草生产力从总体上完全可以满足目前的家畜需求，但季节性矛盾十分突出。天然草地的生产量集中于 5—8 月的夏季，8 月的天然草地有 2/3 的饲草料盈余。但冬季以及来年的春季面临着严重的缺草问题。由于春季可食牧草很少，放牧压力也就相对较大，加之土地解冻后松软，牲畜跑青践踏频繁，春季放牧最易对草地植被产生严重的破坏。由此可见，季节性（春季）的超载过牧是草地退化的重要原因。

80. 什么是荒漠草原？

在干旱条件下发育形成的由多年生、旱生草本植物占优势，以及旱生小半灌木起明显作用的植被性草地称为荒漠草原或漠境草原。其生境及植物类型具有草原向荒漠过渡的特征。荒漠草原在我国主要分布于内蒙古中北部、鄂尔多斯高原中西部、干草原以西及宁夏中部、甘肃东部、黄土高原西部和北部、新疆的低山坡。

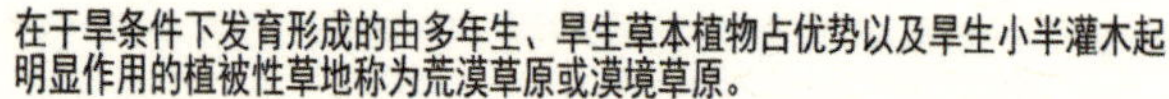
在干旱条件下发育形成的由多年生、旱生草本植物占优势以及旱生小半灌木起明显作用的植被性草地称为荒漠草原或漠境草原。

81. 草地资源如何永续利用？

目前，草地资源永续利用的措施主要包括：

（1）贯彻落实《中华人民共和国草原法》，完善草地管理体系。严格执行《中华人民共和国草原法》，建立健全草地管理机制，推动草地管理与利用规范化、科学化、法制化。

（2）实施退耕还草工程，转变畜牧业生产经营方式。大力实施退耕还草工程，辅以围栏封育、补播、灌溉、除草等措施。以草定畜，严格控制载畜量，积极推行休牧、禁牧、轮牧和草畜平衡制度。

（3）综合治理，恢复退化草地。科学管理草地生态系统，对轻度退化草地，以保护为主，减轻放牧压力；对中度退化草地，采用补播、施肥、封育等措施，提高土壤肥力；对重度或极度退化草地，采取综合治理措施，重建或改建草地。

（4）加强人工草场、饲草料基地建设。建立稳定、高产的人工草地，广辟饲料资源；积极引进、培育和推广优良牧草品种，建立规模化的饲草料基地。

（5）建立草原监测预警体系，做好草原防灾减灾工作。建立草地环境、草地灾害等监测预警体系，开展天然草地综合治理，消除鼠虫害、毒杂草大面积发生的栖息环境。

（6）增加对草地的投入，加强人才队伍建设。重视草地畜牧业科技投入，以草业系统工程来提升畜牧业生产水平，优化农业经济结构，提高畜牧业整体经济效益。

82. 为什么国家要制定草地生态补偿政策？

随着人口的增加，不少草原地区由于牲畜超载或者不合理的放牧方式导致草原出现退化现象，加剧了生态环境的恶化，严重影响了当地的生活状况。在这种背景下，为了遏制草地退化趋势、改善草原生态、提高草原生产力和促进草原生态与畜牧业协调发展，我国提出了在对农牧民进行一定经济补偿的前提下，通过禁牧、休牧、轮牧等措施来恢复草原生态环境的政策，这也是草原生态资源可持续利用的重要手段之一。

第五部分
矿产资源开发的管理与合理利用

83. 矿产资源包括哪些？

矿产资源是重要的自然资源，是社会生产发展的重要物质基础，现代社会人们的生产和生活都离不开矿产资源。

矿产资源是指由地质作用形成的，具有利用价值的，呈固态、液态、气态的自然资源。即埋藏于地下或出露于地表，并具有开发利用价值的矿物或有用元素的含量达到具有工业利用价值的集合体。矿产资源属于非可再生资源，其储量是有限的。

矿产资源分为能源矿产（如煤、石油、天然气、地热）、金属矿产（如铁、锰、铜）、非金属矿产（如金刚石、石灰岩、黏土）和水气矿产（如地下水、矿泉水、二氧化碳）四大类。

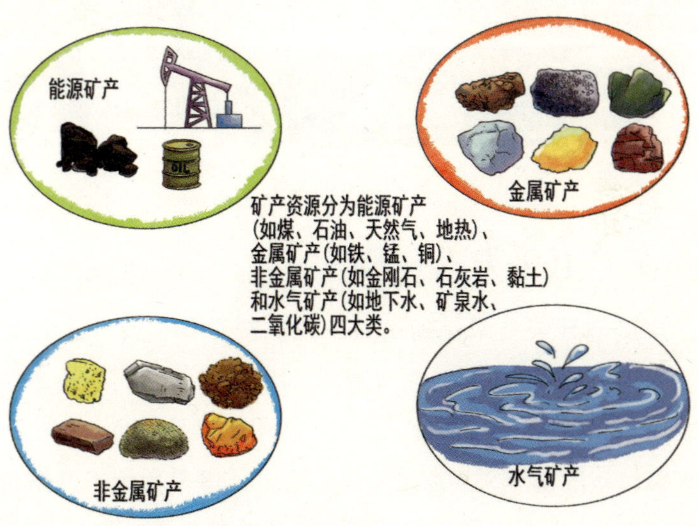

84. 如何开发利用矿产资源？

矿产资源开发利用按照国家技术经济政策的规定、矿业生产的科学规律和设计，并采用科学的开采方法和先进的技术装备，在一定的技术经济条件下，通过科学的采矿方法将共生、伴生的矿产资源与开采利用的主要矿种同时采出，再采用先进的选矿工艺技术，将综合开采出的矿产资源中的有用组分尽可能地分离出来，实现一物多用，变废为宝，化害为利，消除“三废”污染，科学地利用矿产资源。

85. 矿产开采方式有哪些？

矿产资源开采技术是指用人工或机械对有利用价值的天然矿物资源进行开采的各种方法。根据矿床埋藏深度的不同和技术经济合理性的要求，矿产资源开采分为露天开采和地下开采两种方式，接近地表和埋藏较浅的部分采用露天开采，深部矿藏采用地下开采。

露天开采是采用采掘设备，在敞开的条件下，以山坡或凹陷露天的方式，一个台阶一个台阶地向下剥离岩石和采出有用的矿物的一种采矿方法。露天开采与地下开采相比有很多优点，如建设速度快、劳动生产率高、成本低、劳动条件好、工作安全、矿石回收率高、贫化损失小，等等，尤其是随着大型高效露天采矿及运输设备的发展，露天开采将会得到更加广泛的应用。

地下开采是当矿床埋藏地表以下很深，采用露天开采会使剥离系数过高，必须开凿由地表通往矿体的巷道（如竖井、斜井、斜坡道、平巷等）的一种采矿方法。

86. 什么是选矿？

从地下开采出来的矿石叫作原矿，原矿一般都由有用矿物和脉石组成。原矿的品位一般都比较低，不能直接进行冶炼，需要进行加工，除去其中大部分脉石与有害成分，使有用矿物富集成精矿，供下一步使用。对原矿进行这一加工的过程叫选矿。因此，选矿是利用矿物间的物理性质或表面物理化学性质的差异，在不改变矿物化学组成的情况下，除去矿石中所含的脉石及有害成分，使有用矿物得到富集，或使共生的各种有用矿物彼此分离，得到一种或几种有用矿物的精矿产品。

早期，人们用手工拣选；后来，用简单的淘洗工具从河溪砂石中选收金属矿物。湖北铜绿山矿冶遗址中发现的“船形木斗”就是2 000多年前淘洗铜矿的工具。唐樊绰著《蛮书》中有“麸金出丽水，盛沙淘汰取之”的记载，描述当时淘金选矿的情况，明朝《天工开物》中有矿石采出后“先经拣净淘洗”，然后“入炉煎炼”，以及锡和其他矿石的选矿记载。选矿经历了从处理粗粒物料到细粒物料、从处理简单矿石到复杂矿石、从单纯使用物理方法到使用物理化学方法和化学方法的发展过程。

87. 选矿过程由哪些基本工艺组成？

来自采矿场的矿石要经过选矿过程的各个工艺才能得到符合冶炼要求的精矿，选矿工艺主要包括：

准备工艺。包括矿石的破碎与筛分、磨矿与分级，有时还包括洗矿。

选别工艺。矿石经准备工艺后进入选别工艺，使有用矿物和脉石分离，或使各种有用矿物彼此分离。这是选矿的主体部分，选别工艺有重选、浮选、磁选、电选、拣选和化学选等。

脱水干燥工艺。包括浓缩、过滤、干燥等。

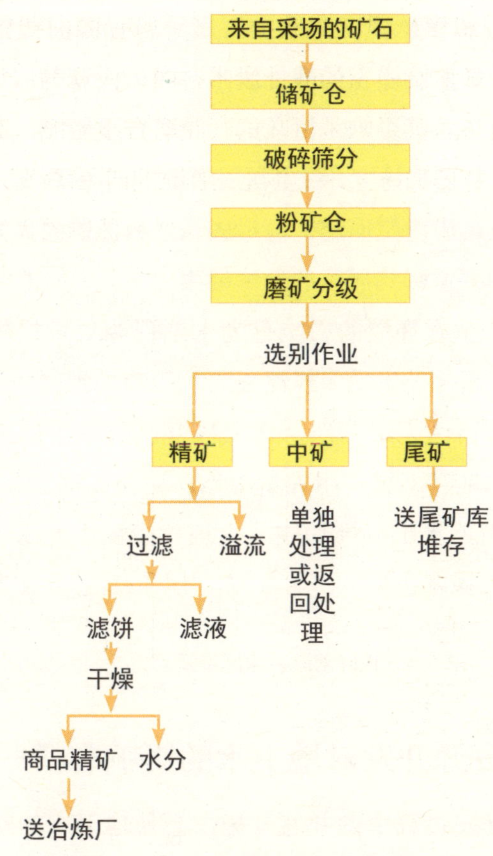

选矿工艺过程

88. 矿产资源开发会给环境带来哪些影响？

矿产资源开发带来的环境影响主要指在勘察、开采、选矿加工和闭坑等矿产资源开发过程中，各种因素对矿山环境造成的不良影响和危害，其中主要是矿坑排水、矿石和废石、尾矿的堆存及其所产生的淋滤水、矿山工业和生活废水、矿石和尾矿粉尘、排放的 SO_2 以及生态环境破坏等不利影响。

例如：废石和尾矿中含有重金属离子、有毒的残留浮选药剂以及剥离废石中含硫矿物引发的酸性废水，对矿山及其周边地区造成环境污染和生态破坏，其影响是持久的；尾矿粒度较细，长期堆存，风化现象严重，产生二次扬尘，粉尘在周边地区四处飞扬，特别在干旱、狂风季节，细粒尾矿腾空而起，可形成长达数里的“黄龙”，造成周围土壤污染，并严重影响居民的身体健康。

矿山开采对生态环境的影响分为土地资源数量损失、土壤质量下降、生态系统退化、生物多样性丧失、景观受到破坏等。主要表现在采矿废石堆存占用大量土地，很大程度上破坏了原来稳定的土壤和植被；尾矿的堆存不仅占用大量土地，还存在植被和坡体被破坏、土壤退化与污染、水土流失加剧、土地荒漠化等一系列生态问题；矿山开采形成的裸露山岩和废弃矿坑、尾矿库更是成为矿区景观的“疤痕”。

89. 矿产资源开发对地下水的影响有哪些？

矿产资源开发过程中的井巷开掘，会使地下水的赋存状态发生变化，对地下水资源产生破坏性影响。一方面破坏地下水层，使地下水流失，导致地下水水源紧张；另一方面又污染了部分水源，加剧了紧张状况。矿床疏干排水改变了地下水的天然径流和排泄条件，使区域地下水位大幅度下降，造成矿区水文地质环境恶化。

矿场开采不当将破坏水文地质环境，主要包括矿井突水、海水入侵、区域地下水位下降等。

90. 矿产资源开发产生的次生地质灾害有哪些？

矿山次生地质灾害是指由矿产资源开发过程引发的地质灾害，包括突发性地质灾害和缓变性地质灾害两种。

突发性地质灾害主要指崩塌、滑坡、泥石流。矿山开采过程中露天开采形成的高边坡、矿山固体废物堆载形成的陡坡都可能诱发崩塌、滑坡；当松散的废石和尾矿堆存不合理时，在暴雨诱发下，极易发生滑坡、泥石流，尾矿、废石等被冲入江河，造成河道库塘淤塞、行洪排泄不畅，甚至冲毁公路铁路，阻断交通。

缓变性地质灾害主要包括空区沉陷、岩溶地面塌陷、地裂缝、水土流失、沙漠化等。

91. 矿山固体废物的种类有哪些？

矿山固体废物是指矿山开采过程中所产生的废石及矿石经选冶生产后所产生的尾矿和废渣。

废石是矿山开采过程中排出的无工业价值的矿体围岩和夹石。对于露天开采，就是剥离下来的矿体表面围岩；对于井下开采，就是掘进时采出的不能作为矿石使用的夹石。

矿山固体废物以量大、处理工艺复杂而成为环境保护的一大难题，但是矿山固体废物又是放错了地方的“宝藏”，针对其特点，对其合理处理与处置，可实现矿产资源的高效开发和综合利用，改善矿山生态环境。充分利用矿山固体废物中的有用成分，使其变废为宝，是缓解我国矿产资源供需相对紧张的现状的重要途径。

92. 矿产资源开采过程中需要关注哪些环境问题？

矿产资源开采过程中，需关注以下环境问题：

（1）资源影响。改变地下水流场、引起地面沉陷；露天开采挖损与废弃物堆放占用大量土地资源。据统计，全国累计排矸量已近40亿t，占地约8 000 hm^2，因露天开采与压占土地总量达4.5万hm^2左右。

（2）生态破坏。引发水土流失、加剧土地荒漠化过程和造成草场退化等。据统计，我国目前由采煤引起的水土流失面积已经达到5.4万hm^2。

（3）环境污染。大量矿井水排放污染河流水体；煤矸石堆存导致有毒有害元素在土壤和水体中集聚或迁移，影响人体健康；开采过程中伴生的瓦斯排放、矸石堆场扬尘等对大气环境造成一定影响。

如西北部分地区地下水矿化度和总硬度都较高，俗称“苦咸水”，排放后会导致严重的土壤盐渍化。

93. 什么是尾矿？

尾矿就是在特定的技术经济条件下，将矿石磨细、选取“有用组分”后所排放的废弃物，也就是矿石选别出精矿后剩余的固体废料，选矿厂排放的尾矿矿浆作为固体废物排入矿山附近筑有堤坝的尾矿库中。

尾矿并不是完全无用的废料，尾矿含有一定数量的有用金属成分和矿物，可视为一种“复合”的硅酸盐、碳酸盐等矿物材料，并具有粒度细、数量大、成本低、可利用性大的特点，可以综合利用。同时，尾矿也是矿产资源开发造成环境污染的重要来源，因此尾矿具有二次资源与污染环境的双重特性。

94. 什么是尾矿库？

尾矿库是指在山谷口部、河道或洼地的周围筑坝，将金属或非金属经选别后排出的尾矿或其他工业废渣排入其内进行堆存和沉淀的贮存场所。尾矿库一般由尾矿坝、尾矿输送系统和排水系统三部分组成，是冶金、有色、建材、核工业、化工等行业贮存尾矿及澄清水的重要生产设施。尾矿库按照尾矿堆积位置的不同，可分为山谷型、傍山型、平地型和截河型四类。

95. 尾矿对环境有什么影响？

尾矿对环境的影响主要表现在尾矿库扬尘、残留选矿药剂污染及对地下水污染等。

尾矿对大气环境的污染主要是由于矿山尾矿颗粒极细且常年在地表堆放造成的，这部分尾矿干后极易扬尘，尤其在北方干燥冬春季，尾矿库大量尾矿飞出库外，覆盖耕地良田，在狂风季节细颗粒可形成长达数公里的“黄龙”，严重污染环境，若遇到大风天气，将有可能扬起尾矿黑砂尘暴。

尾矿对水环境的污染主要在矿石选矿过程中有的需要加入药剂，残留于尾矿中的氯化物、氰化物、硫化物、松油、絮凝剂、表面活性剂等有害药剂，在尾矿长期堆存时会产生有害气体或酸性水，流入或排入溪河湖泊，毒害水生生物。

尾矿成分及残留选矿药剂对水环境影响较大，尤其是含重金属的尾矿，其中的硫化物产生酸性水进一步淋浸重金属，其流失将影响地下水质量，而残留于尾矿中的氯化物、氰化物、硫化物、松醇油、絮凝剂、表面活性剂等有害药剂，在尾矿长期堆存时会受空气、水分、阳光作用和自身相互作用产生有害气体和酸性水，加剧尾矿中重金属流失。尾矿中溶出的重金属一方面通过废石堆及尾矿库的孔隙下渗进入底垫土壤或通过地表径流进入土壤；另一方面通过地表径流进入下游水文系统或下渗到地下水，将地表水和地下水联系起来，造成整个矿区、附近大区域甚至流域性水体污染。

96. 如何防止尾矿库环境风险？

依据尾矿库风险等级划分的结果，对尾矿库进行系统的风险分析，包括尾矿库详细调查与分析、尾矿库突发环境事件风险情景分析、现有环境风险防控措施的差距分析以及相关对策建议。风险分析的目的是识别尾矿库环境风险特征和环境安全薄弱环节，为尾矿库环境风险防控提供指导意见。

尾矿库详细调查与分析主要包括尾矿库及企业的基本信息、危险因子、工艺流程、周边环境，用于分析尾矿库现有的环境风险防范能力和应急资源状况；尾矿库突发环境事件风险情景分析是根据尾矿库突发环境事件危险因素的分析结果，列出尾矿库可能发生的突发环境事件情景，并对可能发生的情景进行源强计算，包括危害物质的释放量、扩散范围、持续时间、浓度分布等；现有环境风险防控措施的差距分析是在充分调查尾矿库企业现有应急能力和环境管理制度等的基础上，根据突发环境事件危险因素的实际情况，如尾矿库特征污染物、生产工艺过程、环境风险受体等，结合尾矿库环境风险情景分析的结论，从环境风险管理制度、环境风险防控与应急措施、环境应急保障能力三方面对现有环境风险防控措施的有效性进行分析论证，找出差距；相关对策建议是针对环境风险防控措施的差距分析，逐项提出完善环境风险防控措施的内容、责任人及完成时限。

97. 尾矿资源化利用有哪些途径？

尾矿的资源化利用主要包括两方面：

一是将尾矿作为二次资源，从尾矿中回收有用矿物作为冶金原料，如铁矿、铜矿、锡矿、铅、锌矿等矿的尾矿通过再选回收铁精矿、铜精矿、锡精矿、铅锌精矿或其他矿物精矿；尾矿再选既包括已堆存在尾矿库的老尾矿再选利用，也包括选矿厂生产过程新产生尾矿的再选。

二是尾矿直接利用（整体利用），指未经过再选的尾矿直接利用，即利用尾矿中的非金属矿物。矿山固体废物中的废石、尾矿整体利用的途径主要是作为建材原料。

（1）废石的利用。凡属岩石类矿物，若外观上石质一致，无裂纹、无风化现象者均可作为建筑用石料，废矿石中的斑状花岗岩、片麻岩等是最优质硬质石料，可作饰面用材或作建筑石料；而白云岩等废石料的极限抗压强度达到或超过标准要求时，只要不易风化，并且磨耗率和颗粒级配也符合标准，则可用作公路建设用石料。

（2）尾矿的利用。尾矿在提取有用元素后，仍留下大量无提取价值的废料，这些废料并非真的无应用价值，实际上是一种“复合”的矿物原料。它们主要有非金属矿物石英、长石、石榴子石、角闪石、辉石以及由其蚀变而成的黏土、云母类铝硅酸盐矿物和方解石、白云石等钙镁碳酸盐矿物。化学成分有硅、铝、钙、镁的氧化物和少量钾、钠、铁、硫的氧化物。而硅、铝的含量较高，这就为其用作建材的原料奠定了基础。

大多数尾矿可以成为传统原料的代用品，也就是尾矿可以直接代替建筑砂应用于混凝土细骨料、加气混凝土、水泥、广场砖、墙体砖等；高硅尾矿可作为建筑材料、公路用砂、微晶玻璃、玻化砖、建筑陶瓷、美术陶瓷、花岗岩及硅酸盐新材料原料；铁含量较高或含多种金属的尾矿可作色瓷、色釉、水泥配料等的高附加值产品的原料。

98. 矿山固体废物井下充填的处置方法是怎样的？

充填采矿法由于在确保安全的情况下兼具环境保护和提高矿石回收率双重功效，在有色、黄金等矿山得到越来越广泛的应用。

矿山固体废物井下充填是将废石和尾矿回填到矿山采空区内的一个过程，也是消纳大量废石和尾矿的重要措施，同时为采矿后留下的采空区回填提供了来源广泛、廉价的充填材料。

井下充填技术既可消除因采空区存在而带来的安全隐患，又可减少因采空区上覆岩层冒落造成人员伤亡事故的发生。同时，井下充填既解决尾矿出路问题，减少尾矿地表堆存污染矿山环境，又可减少地表尾矿的堆存量，使尾矿库的库容减少，相应地减少了矿山征地数量和尾矿设施的建设费用，延长了尾矿库的使用年限。

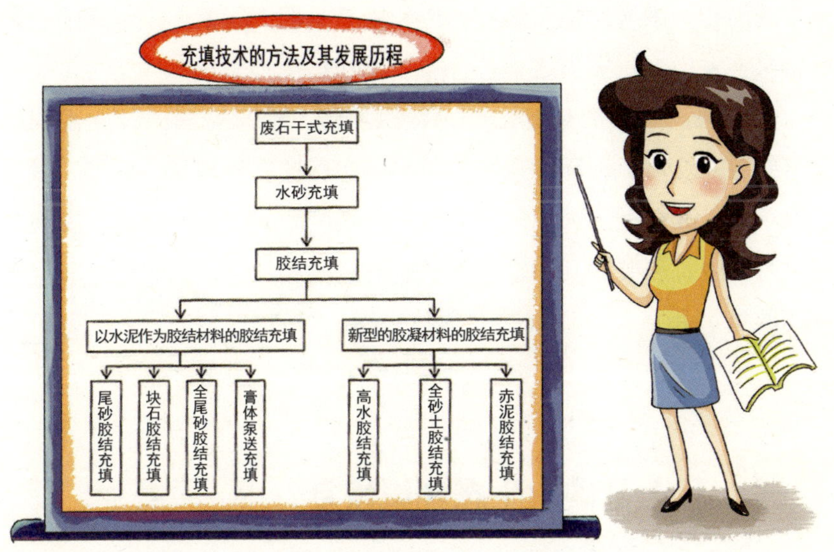

99. 如何防止矿山塌陷？

矿山沉陷区是指矿山开采导致采空区之上覆岩层发生冒落、断裂、弯曲等移动变形，最终导致地表形成下沉盆地和裂隙等的沉陷区域。

地面塌陷按其形成原因可分为采空塌陷和岩溶塌陷两类。

采空塌陷是指因地下矿层大面积采空后，矿石上覆岩层失去支撑，致使平衡条件被破坏，随之产生弯曲或塌陷，从而导致地面塌陷。岩溶塌陷是指在可溶性岩石分布的浅覆盖区，由于浅部岩溶发育，当水文地质条件改变时，在地下水的作用下，松散土层的土颗粒发生运移（溶孔、洞、溶蚀裂隙为其提供运移通道和贮存空间），而逐步形成隐伏土洞，并向地面发展最终导致地面塌陷。

采空塌陷是由人为采矿活动产生的，影响采空塌陷主要有采空区暴露面积、围岩岩性、地质构造和地下水四大因素，采空塌陷也是近年来多发的地质灾害之一。

防治地面塌陷的措施之一是跟踪监测，信息管理。设立观测站非常必要。这对矿山环境观测和监测、实行动态管理很有好处。对塌陷活跃区、瓦斯溢出区、矿震区等特殊地区要实行全天观测，发现异常及时报告。还要做到动态观测和静态观测相结合，及时记录和整理观测数据，并存入计算机的专用数据库，以备分析和查用，为防治矿山塌陷和保护矿山生态环境提供科学依据。

100. 什么是矿山生态环境恢复？

矿山生态环境恢复是指对矿产资源勘探和采选过程中的各类生态破坏和环境污染采取人工促进措施，依靠生态系统的自我调节能力与自组织能力，逐步恢复与重建其生态功能。即对矿业开发形成的尾矿库、排土场、渣场、露天采矿坑等损毁压占的土地，引起的土地功能退化、生态结构缺损等问题，通过工程、生物、化学及其他综合措施，并辅以适当的经济开发，经过工程措施、生物措施和监测多个阶段，使其变成农田、林地、草场、鱼塘等，恢复被损土地的使用价值和环境生态的活动。

“矿山生态环境恢复”也可以理解为在矿山生产建设活动中，通过保护、恢复、建设和改善矿区生态环境状况，逐步提高被破坏土地生态系统的生产力，提高矿山复垦的经济效益，实现生态系统的稳定性，最终实现矿区社会、生态、经济的可持续发展。

101. 矿产资源开发的环境管理主要有哪些？

《矿山地质环境保护规定》《矿山生态环境保护与污染防治技术政策》《矿山生态环境保护与恢复治理方案编制导则》《矿山生态环境保护与恢复治理技术规范》等对于矿产资源开发过程的规划、设计、建设、生产以及因矿产资源勘查开采等活动造成矿区地面塌陷、地裂缝、崩塌、滑坡、含水层破坏、地形地貌景观破坏等的预防和治理恢复，都提出了相应的管理要求。

（1）合理开发利用矿产资源，优化资源配置。发展绿色开采技术，实现矿区生态环境无损或受损最小；发展干法或节水的工艺技术，减少水的使用量；发展无废或少废的工艺技术，最大限度地减少废弃物的产生。

（2）限制或禁止不合理的乱采滥挖，防止矿产资源的损失。禁止在依法划定的自然保护区、风景名胜区、森林公园、饮用水水源保护区、重要湖泊周边、文物古迹所在地、地质遗迹保护区、基本农田保护区等区域内采矿。禁止在铁路、国道、省道两侧的直观可视范围内进行露天开采。禁止在地质灾害危险区开采矿产资源。禁止土法采选和土法冶炼等矿产资源开发活动。禁止新建对生态环境产生不可恢复利用的、有破坏性影响的矿产资源开发项目。禁止新建煤层含硫量大于 3% 的煤矿。

限制在生态功能保护区和自然保护区（过渡区）内开采矿产资源。限制在地质灾害易发区、水土流失严重区域等生态脆弱区内开采矿产资源。

（3）对矿产资源的开发利用进行全过程控制，将环境代价减小到最低限度，优先选择废物产生量少、水重复利用率高，对矿区生态环境影响小的采选矿生产工艺与技术。

（4）保护矿区生态环境，防止矿山在寿命终结时沦为不毛之地。

102. 矿产资源的高效开发与循环利用原则有哪些？

这些原则为：

（1）开源与节流并重。充分利用贫矿，走人造富矿之路，富矿、贫矿兼采，综合勘查、评价、开发和利用伴生矿种；充分利用国内外两种资源，有进有出，取长补短；大力发展循环经济。

（2）加强非传统矿产资源的开发。对那些由于当今技术、经济原因尚未进行工业利用的资源和尚未被看做矿产的、未发现用途的潜在资源，或虽为传统矿产资源但因地质地理原因极难发现的矿产资源，尤其是日益紧缺的矿产资源，应加强开发利用。如甲烷水合物的开发。

（3）依靠科技进步。依靠科技进步加强管理，降低矿物能源和矿物原材料的消耗，提高资源的回收利用水平和综合利用率，实现矿产资源的可持续利用。

103. 如何实现“绿色矿山”？

绿色矿山是在矿产资源开发中将矿山资源与环境作为一个整体，在充分回收、有效利用矿产资源的同时，协调开发利用矿山的土地、森林、水体等各类资源，实现资源—经济—环境协调开发的过程。绿色矿山的目标是资源合理利用、节能降耗、减排、保护生态环境和促进矿区和谐发展。

实现绿色矿山的基本路径是矿产资源在开发利用过程中，应遵循“减量化、资源化和无害化”原则，最大限度地减少废料的产出、排放，提高资源综合利用率。对矿山固体废物首先通过破碎、筛分出同粒级砂石料作公路、铁路基石和建筑用砂；其次通过再选工艺提取出金属、非金属有用元素；再次将大宗尾矿、废石作为建筑材料；复次通过井下充填技术将尾矿、废石充填到井下或作排土场抛块；最后在闭库的尾矿库或废石堆场种植树木和经济作物进行矿山生态恢复，以实现绿色矿山。

第六部分
水资源的开发与合理利用

104. 什么是水资源？

按照 1977 年联合国教科文组织（UNESCO）和世界气象组织（WMO）共同制定的《水资源评价活动——国家评价手册》中的定义，水资源是指可利用或有可能被利用的水源，这个水源应该具有足够数量和可利用的质量，并能在某一地点为满足某种用途而被利用。

从广义上来说，水资源包括地球水圈内的水量总体。但是由于海水是咸水，难以直接利用，因而我们通常所说的水资源，主要指陆地上的淡水资源，如河流水、降水、湖泊水、地下水和冰川等。

事实上，陆地上的淡水资源总量只占地球上水体总量的 2.53%，可供我们直接利用的淡水资源更是极其有限，而且分布很不均匀。

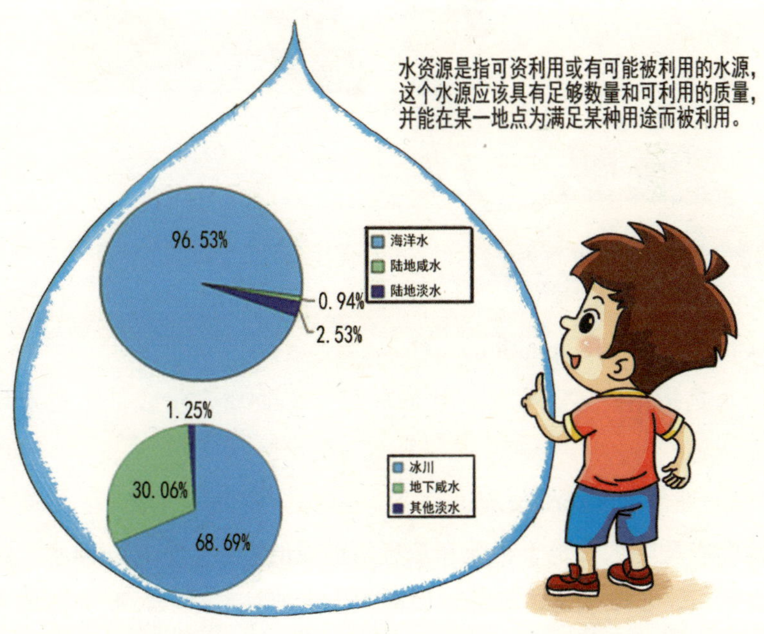

我国淡水资源总量约 28 000 亿 m^3，占全球水资源的 6%，仅次于巴西、俄罗斯和加拿大，居世界第四位，但人均却只有 2 300 m^3，仅为世界平均水平的 1/4，而且空间分布极不均匀。是全球人均水资源最贫乏的国家之一。

105. 水资源的主要类型有哪些？

（1）降水（precipitation）

降水是指雨、雪、雹水，水质较好、矿物质含量较低，但水量无保证。

（2）地面水（surface water）

地面水是降水在地表径流和汇集后形成的水体，包括江河水、湖泊水、冰川、水库水等。地面水以降水为主要补充来源，此外与地下水也有相互补充的关系。地面水的水量和水质受流经地区地质状况、气候、人为活动等因素的影响较大。

（3）地下水（groundwater）

地下水是由降水和地表水经土壤地层渗透到地面以下而形成的。地下水又可分为浅层地下水、深层地下水和泉水。

106. 我国水资源是如何分布的？

根据年降水量和径流深，我国水资源空间分布大致可以分为五个地带：

①丰水带，正常年降水量大于 1 600 mm，正常年径流深大于 1 000 mm 的地带；②多水带，正常年降水量在 800 ～ 1 600 mm，正常年径流深 300 ～ 1 000 mm 的地带；③过渡带，正常年降水量在 400 ～ 800 mm，正常年径流深 50 ～ 300 mm 的地带；④少水带，正

常年降水量 200 ～ 400 mm，正常年径流深在 10 ～ 50 mm 的地带；⑤缺水带，正常年降水量小于 200 mm，正常年径流深小于 10 mm 的地带。

上图是我国的水资源分布图，从上图分析看出，我国水资源在地区分布上很不均匀，水资源大部分集中在西南地区，中南地区和西北地区为次，华北区、东北区和华东地区所占比例很小。

107. 水资源分布与生物多样性有什么关系？

水是生命之源，所以，水资源的丰富程度对生物多样性格局具有重要的影响。以我国为例，我国水资源分布具有鲜明的特点，呈南多北少、东多西少的特点，即东部和南部地区非常湿润，西北地区明显干旱，而中间过渡带为半干旱地带，这明显表现在我国的生物多样性分布上，表现为从我国东南部到西北部植被分布的地带性变化，即东南部多为森林，生物多样性非常丰富，西北部为荒漠，生物多样性水平很低，中间过渡带位为草原植被，生物多样性水平居中。

108. 水资源的开发利用方式有哪些？

水资源的用途广泛，对水量水质的要求也多种多样。

人类对水资源的开发利用的认识经历了一个漫长的历史时期。在科技较落后的时代，人类开发利用水资源的能力较低（无法开采深层地下水和海水淡化），主要在河流（尤其大河）或湖泊沿岸发展。利用这些水资源种植作物、航运、生活。那时对水资源的需求也不多，人水矛盾不很突出，对水资源质量一般也不会产生大的影响。

在科技较发达的近现代，人类开发利用水资源的深度和广度大大提高，同时，随着人口的持续增长和经济的高速发展，对水资源的需求随之提高，加上不合理的开发利用，水资源危机日益突出。随着生产生活对水资源污染的加剧，水质、水生态问题对人们的健康和发展也构成了很大的威胁。

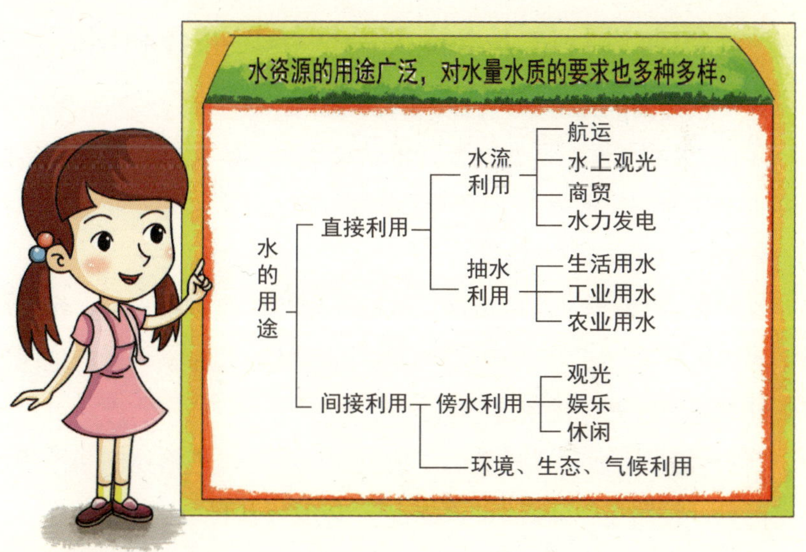

109. 什么是水资源承载力？

“水资源承载力”中的“承载力”一词借鉴了力学中的概念，原指物体在不产生明显破坏的前提下所能承受的最大荷载。水资源能够支撑与承载的对象一般可以概括为：生态、环境、人口、经济发展、生活（质量）、社会（安定）等。根据具体考察的承载对象不同，对应的承载力的内涵也就有所不同。

根据“水资源承载力”近年来的研究热点，其一般定义为：在可持续发展的前提下，水资源对于支撑社会经济系统持续发展的能力，其“最大荷载”应对应最优的发展水平；在一定的水资源开发利用阶段，在满足生态需水的前提下，能够维系有限发展目标的最大社会经济规模即为水资源承载力。

110. 如何进行地下水资源的保护与综合利用？

地下水开发利用应当遵循以下基本原则：

（1）采补平衡，适量开发。根据地下水补给和储存条件，按照采补平衡的原则，调整和优化开采布局和用水结构。压缩超采区、扩大有资源潜力地区的开采量。

（2）浅层为主，深层适度。应以开发浅层地下水为主。在深层地下水资源丰富、开发利用后又不会产生较大环境地质问题的地区，可有计划地适度开发深层地下水。

（3）保护水质，优质优用。采取有效措施，严格控制和预防地下水污染。按照先生活后生产的原则，合理开发利用地下水。

（4）联合调蓄，统筹兼顾。坚持地表水、地下水统筹开发的原则。水资源调蓄要实行从以地表调蓄为主向地表、地下联合调蓄的战略转变，充分发挥地表水库和地下水库各自的优势，综合开发利用水资源。

（5）综合规划，科学管理。根据地下水资源时空分布特点，结合国民经济区域发展布局和生态环境建设需要，综合规划地下水的开发利用与保护战略，建立科学的管理制度和技术保障体系。

111. 什么是水质型缺水？

所谓水质型缺水，是指一个地区本身有可以利用的水资源，但这些水资源由于受到各种污染（人为或自然本底），致使水质恶化，而形成淡水资源紧缺的现象。

造成水质型缺水的原因是多方面的。一般是由人为污染造成的，如当地虽然有水，甚至水量可能比较充沛，但是由于工农业生产废水、城市生活污水排入水源中，导致水体污染、水质恶化，使水资源丧失了使用价值，水源不再能够满足人们生产、生活的需要。以太湖流域为例，虽然水量充沛，但是各种污染物排放总量居高不下，水污染问题突出，2009 年流域河流水质评价为Ⅰ至Ⅲ类的仅占 11.8%，太湖湖体总体处于中度富营养。

此外，还存在原生污染的情况，如当地土壤中本身某些元素的含量就偏高，就可能造成地下水含有超标的盐、碱、氟、硫、重金属等有毒有害成分，这样的原生劣质地下水水质就不适宜饮用，虽然有水但是不能直接得到有效利用。如黄淮海平原地下水的高氟区域就不适宜作为饮用水水源使用。

112. 植物在水污染治理中可以发挥哪些作用？

水污染主要是由于人类排放的各种外在物质（包括人工物质）进入水体后，超出了水体自我净化作用所能承受的范围。我国水体污染的主要特征是人类经济活动引起的有机污染和富营养化（主要由于氮与磷富集引起）。

植物在水污染治理中可以发挥多种作用，包括通过自身生长发育大量吸收氮、磷等营养物质，而其中一些种类还可以富集不同类型的重金属或吸收降解某些有机污染物。另外，植物通过促进微生物的生长，可以使水中大部分可生物降解有机物（BOD）降解，或通过抑制低等藻类的生长，控制水体富营养化。利用大型水生植物进行污水处理和水体修复的方式也多种多样，主要包括以漂浮植物为主的塘修复系统和以挺水植物为主的人工湿地修复系统等。

113. 什么是“中水”？

“中水”主要指城市污水经处理后达到一定的水质标准，可在一定范围内重复使用的非饮用的杂用水。住房和城乡建设部《城市中水设施管理暂行办法》将中水定义为：部分生活优质杂排水经处理净化后达到《城市污水再生利用　城市杂用水水质》（GB/T 18920—2002）的要求，可以在一定范围内重复使用的非饮用水。

中水其实就是再生水，水质介于上水和下水之间，故名“中水”。中水回用就是人们在生产和生活中用过的优质的杂排水，经集流再生处理后，回用于农业灌溉、工业用水、市政杂用、地下回灌、景观用水等。

114. 冰川有什么重要作用？

冰川是地球上最大的淡水资源，也是地球上继海洋之后最大的天然水库。多年来它稳定地向各条大河源头和内陆河流提供水源。冰川和它周围的环境构成一个和谐的整体，超过自然限度开采冰川水资源就会破坏这个系统的平衡，导致难以预计的后果。冰川可分为大陆冰川和山岳冰川两大类。

冰川对全球气候变化有着重要影响。地球上，冰川是固态水的主要存在形式。而水在液态、气态和固态之间的循环对地球环境有重要影响。冰川，特别是极地的大面积冰盖能大量反射太阳光，有助于人类居住的地球保持温度平衡。

冰川是固体水库，也是生物的天然基因库。它厚达数十米乃至数千米的冰层记录了长时间的气候变化，可以帮助人类精确了解过去70万年以来地球上的气候信息，对于研究古气候、古地理、全球变暖等具有极高的科研价值。同时，冰川还是生物物种资源的天然基因库，对研究人类起源、人类肤色形成等具有重要价值。冰川消融会导致海平面上升、全球气候改变、破坏一些动植物的生活环境，也会给人类生存环境造成威胁。

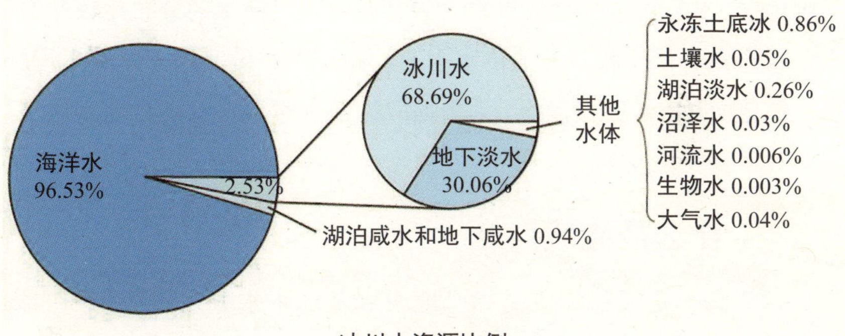

冰川水资源比例

115. 喀斯特地貌地区的水资源特点是什么？

喀斯特（Karst）即岩溶，是水对可溶性岩石（碳酸盐岩、石膏、岩盐等）进行以化学溶蚀作用为主，流水的冲蚀、潜蚀和崩塌等机械作用为辅的地质作用，以及由这些作用所产生的现象的总称。由喀斯特作用所造成的地貌称喀斯特地貌（岩溶地貌）。喀斯特景观在我国有着广泛的分布，如驰名中外的桂林山水、云南石林等，华南、华北、东北等地区也有喀斯特地貌分布。

岩溶含水层的富水性总的来说是较强的，但是含水又极不均匀。因岩溶水并不是均匀地遍及整个可溶岩的分布范围，而是埋藏于可溶岩的溶蚀裂隙、溶洞中，所以往往同一岩溶含水层在同一标高范围内，或者同一地段，甚至相距几米，富水性可相差数十倍至数百倍。

可溶性岩层大面积出露的地区，岩溶水的上部常是潜水。由于岩溶发育不均匀，岩溶潜水分布亦不均匀。它既具有相互联系的统一自由水面，又存在径流相对集中的暗河通道。岩溶强烈发育的山区，岩溶潜水比较集中于地下暗河系统中，地下水位较深，常形成地下富水而地表缺水的现象。在平原地区以及受某些地质结构控制所形成的汇水地区，由于暗河、溶蚀孔洞发育相连，岩溶潜水的分布比较均匀，水位较浅。岩溶水是良好的供水水源，但对于矿坑和地下建筑工程施工，常造成灾害性突发涌水。大量抽取岩溶水时要注意防止地面塌陷。

116. 什么是流域？

《辞海》定义：流域是指“地表水及地下水分水线所包围的集水区域的总称。习惯上常指地表水的集水区域。根据地形图上的分水线，可以定出流域边界，此范围内的面积，称为‘流域面积’。”

《中国大百科全书》将流域定义为：“由分水线所包围的河流集水区。分地面集水区和地下集水区两类。如果地面集水区和地下集水区相重合，称为闭合流域；如果不重合，则称为非闭合流域。平时所称的流域，一般都指地面集水区。每条河流都有自己的流域，一个大流域可以按照水系等级分为数个小流域，小流域又可以继续分级。另外，也可以截取河流的一段，单独划分为一个流域。”

例如，整个长江流域横跨中国东部、中部和西部三大经济区共计19个省、市、自治区；经济总量巨大，有上海、南京、重庆和武汉等中心城市，我国大部分的淡水湖分布在长江中下游地区，面积较大的有鄱阳湖、洞庭湖、太湖和巢湖等。这个大流域又可划分为若干小流域。

流域有广义和狭义之分。广义流域是指所有包含某水系（或水系的一部分）并由分水界或其他人为、非人为界线（如灌区界、地貌界等）将其圈闭起来的相对完整、独立的区域。狭义流域是指地表水和地下水分水线所包围的集水区域。

117. 什么是跨流域调水工程？

跨流域调水，又称跨流域引水，指修建跨越两个或两个以上流域的引水（调水）工程，将水资源较丰富流域的水调到水资源紧缺的流域，以达到地区间调剂水量盈亏，解决缺水地区水资源需求的一种工程措施。

按调水的目的和功能划分，跨流域调水工程主要有以下六大类：

（1）以航运为主的跨流域调水工程，如中国古代的京杭大运河等；

（2）以灌溉为主的跨流域灌溉工程，如甘肃省的“引大入秦工程”等；

（3）以供水为主的跨流域供水工程，如山东省的“引黄济青工程”、广东省的“东深供水工程”等；

（4）以水电开发为主的跨流域水电开发工程，如澳大利亚的“雪山工程”等；

（5）以除害（如防洪）为主要目的的跨流域分洪工程，如江苏、山东两省的“沂沭泗水系供水东调南下工程”等；

（6）跨流域综合开发利用工程，如“南水北调工程”和美国的“中央河谷工程”等。

大型跨流域调水工程通常是发电、供水、航运、灌溉、防洪、旅游、养殖及改善生态环境等目标和用途的集合体。

118. 我国为什么要建设大型跨流域调水工程？

随着人口的增长和经济的发展，水资源问题已经成为制约人类生存与可持续发展的瓶颈因素，水资源分布不均匀性与人类社会需水不均衡性的客观存在使得调水成为必然，采用跨流域调水的方法，重新分配水资源，缓和以至解决缺水地区各种需要迫在眉睫。我国水资源地区分布不均的特点极为明显，总体上存在“南多北少”的趋势，因此需要大型跨流域调水工程来协调各地区发展。通过实施跨流域调水工程，可以使缺水地区增加水域，使得水圈和大气圈、生物圈、岩石圈之间的垂直水气交换加强，有利于水循环，改善水调入区气象条件，缓解生态缺水。调水还可以增加受水区地表水补给和土壤含水量，形成局部湿地，有利于净化污水和空气，汇集、储存水分，补偿调节江湖水量，保护濒危野生动植物水源，减少地下水的开采，防止地面沉降，对因缺水而引发的地区性生态危机，将产生起死回生的生态效益、环境效益。

119. 建设大型水电站将产生哪些生态危害？

水利工程的兴建，特别是大型水库的形成，将使其周围环境发生明显的改变。主要危害体现在：

（1）库区淹没影响。建坝后水位在坝前壅高形成回水，在其范围内，耕地、矿藏、名胜古迹等被淹没；工厂、铁路、公路、设施需要拆迁；居民需要迁移，城镇需要迁建。

（2）滑坡、坍岸影响。岸坡浸水后有可能因丧失稳定而坍滑。库区大范围坍岸，会加剧水库淤积。

（3）水库淤积影响。由于水流入库后流速减小，挟沙能力降低，造成泥沙淤积。淤积缩短水库寿命，加大淹没损失，还将影响电站和航运的正常运行。

（4）生态影响。建坝蓄水对生态环境有很大影响，受影响的有库区和下游陆地生态系统，也有河流水生生态系统或河口生态系统。例如，水环境变化对珍稀、濒危水生生物的种群、数量、栖息场所、繁殖场所有致命影响。典型的有长江中华鲟，其上游产卵的通道被隔断，如今已采用人工繁殖、人工过坝等方式解决，以避免中华鲟的灭绝。

（5）水质变化。水库蓄水后，水位抬高，流速减缓，水中溶解氧降低，形成库区富营养化，水质变差。

（6）气象变化。水库形成一定的水域，水域能改变附近地区的小气候（多雾、降雨形态变化、气温变幅减小等），并使附近地区的生态平衡发生改变。

（7）诱发地震。20 世纪 60 年代以来，世界上有不少大水库在蓄水后发生了地震，如我国新丰江水电站地震 6.1 级，坝址烈度达到

8度。

（8）卫生条件。耕地盐碱化、形成沼泽地带、滋生蚊虫和其他有害的微生物。

120. 如何缓解建设大型水电站产生的生态影响？

大型水电站生态影响减缓措施包括：运行期生态流量泄放，保证下游河道水生生物的生存需求；对珍稀濒危和特有植物、古树名木采取工程防护、移栽、引种繁殖栽培、种质库保存、建设珍稀植物园等措施保护；对陆生动物、珍稀濒危和特有动物种类及分布与栖息地进行保护，采取预留迁徙通道或建立人工替代生境等保护及管理措施；针对浮游植物、浮游动物、底栖生物、高等水生植物、重要经济鱼类及渔业资源，珍稀濒危、地方特有和土著鱼类的繁殖、栖息地、洄游通道和"三场"的影响，采取以保护生境为主的保护措施；工程建设造成珍稀保护、特有鱼类资源量下降，影响鱼种稳定，应在社会和自然条件适宜河段设立鱼类保护区和禁渔区。

在珍稀、特有、具有重要经济价值的鱼类洄游通道建闸、筑坝，须采取过鱼措施。对于拦河闸和水头较低的大坝，宜修建鱼道、鱼梯、鱼闸等永久性的过鱼建筑物；对于高坝大库，宜设置升鱼机，配备鱼泵、过鱼船，以及采取人工网捕过坝等措施。同时应重视掌握各种鱼类生态习性和水电水利工程对鱼类影响的研究，加强过鱼措施实施效果的监测，并据此不断修改过鱼设施设计，调整改建过鱼设施，优化运行管理。

工程建设运行造成鱼类资源量减少的，应实施人工增殖放流措施。对于大中型水电工程，应在截流前在工程管理区范围内适当的地点建设鱼类增殖站，长期运行。

121. 什么是抽水蓄能电站？

抽水蓄能电站是具有上、下水库，利用电力系统多余的电能，把下水库的水抽到上水库内，以位能（势能）的形式蓄能，需要时再从上水库放水至下水库进行发电的水电站。其基本原理是由电能转换为水能，再由水能转换为电能。

建设抽水蓄能电站能够缓解能源匮乏问题吗？答案是否定的。抽水蓄能电站就像一个巨大的蓄电池，在电力充裕的时候充电，在需要电力的时候放电。发电所得电能与抽水所用电能之比为综合效率，大约为75%。抽水蓄能电站既是发电厂又是电力用户，它是不能增加电力供应的。其主要功能是利用低谷多余的低价电能换取高峰的高价电能，并具备旋转备用、负荷调整、调频、调相等动态效益，可以提高大型火电厂和核电站的经济效益。

122. 农业节水灌溉对水资源管理的意义是什么？

节水灌溉技术是比传统的灌溉技术明显节约用水和高效用水的灌水方法、措施和制度等的总称。灌溉用水从水源到田间，到被作物吸收、形成产量，主要包括水资源调配、输配水、田间灌水和作物吸收四个环节。在各个环节采取相应的节水措施，组成一个完整的节水灌溉技术体系，包括水资源优化调配技术、节水灌溉工程技术、农艺及生物节水技术和节水管理技术。

国务院办公厅在2012年11月26日发布的《国家农业节水纲要

（2012—2020 年）》中指出：水资源是基础性的自然资源和重要的战略资源。我国是一个水资源严重短缺的国家，水资源供需矛盾突出仍然是可持续发展的主要瓶颈。农业是用水大户，近年来农业用水量约占经济社会用水总量的 62%，部分地区高达 90% 以上，农业用水效率不高，节水潜力很大。大力发展农业节水，在农业用水量基本稳定的同时扩大灌溉面积、提高灌溉保证率，是促进水资源可持续利用、保障国家粮食安全、加快转变经济发展方式的重要举措。

123. 洪水对生态环境有哪些影响？

洪水一般会给人类带来灾难，称为洪灾，如黄河、恒河下游地区因泛滥成灾造成巨大的损失。但是也有一些洪水现象会给人类带来益处，如尼罗河定期的泛滥，给下游三角洲平原带来大量肥沃的泥沙，有利于农业生产的发展。

洪灾，特别是那些更小更频繁的洪灾可能会带来好处，比如补充地下水、增加土壤中的营养成分而肥沃土壤等。洪水甚至可以为那些全年降水分布极不均匀的干旱和半干旱地区带来急需的水资源。淡水地区洪水对保持河流廊道地区的生态系统尤其重要，也对维持河漫滩地区的生物多样性具有非常重要的意义。洪水还可以将营养成分传送到湖泊和河流中，从而在很多年内都能增加生物质和改善渔业。

对于有些鱼类，淹没的河漫滩有可能形成非常适宜的产卵地，减少捕食者的出现，以及增加食物和营养。鱼类利用洪水来转移到新的栖息地。鸟群也会因为洪水带来的食物增加而扩大种群。周期性的洪水是一些大河两岸的古代区域文明发展的福音，比如两河流域，尼罗河流域、印度河流域、恒河流域、黄河流域等地。洪水易发区的风能（一种可再生能源）潜力也更高些。

124. 何为水资源管理的三条红线？

针对当前水资源过度开发、粗放利用、水污染严重三个方面的突出问题，国务院发布了《关于实行最严格水资源管理制度的意见》，确立了水资源管理“三条红线”，主要是严格控制用水总量过快增长、着力提高用水效率、严格控制入河湖排污总量。考虑到2030年是我国用水高峰，按照保障合理用水需求、强化节水、适度从紧控制的原则，本意见将国务院批复的《全国水资源综合规划（2010—2030）》提出的2030年水资源管理目标作为“三条红线”控制指标，即：

第一条：全国用水总量控制在7 000亿 m^3 以内；

第二条：用水效率达到或接近世界先进水平，万元工业增加值用水量降低到40 m^3 以下，农田灌溉水有效利用系数提高到0.6以上；

第三条：主要污染物入河湖总量控制在水功能区纳污能力范围之内，水功能区水质达标率提高到95%以上。

125. 水资源可持续利用基本原则有哪些？

水资源可持续利用的原则主要包括：

（1）可持续利用原则。要求人们根据可持续性的条件调整自己的生活方式，在不破坏生态环境的范围内确定自己的消耗标准。可持续性原则还包括另外两方面的内容：①合理配置有限的资源。②使用替代或可更新的资源。

（2）区域公平原则。水资源开发利用涉及上下游、左右岸不同的利益群体，各利益群体间应公平合理地共享水资源。这些利益群体既可能包括国与国的关系，也可能包括省与省、市与市之间的关系。

（3）代际公平原则。水资源可持续利用的代际公平是用时间尺度衡量资源共享的“公平”性。可持续发展常常定义为“不以破坏后代的生存环境为代价的发展”。因为，不仅要为当代人追求美好生活提供必要的水资源保证，从伦理上讲，未来各代人也应与当代人有同样的权利提出对水资源与水环境的正当要求。所以，当代人在考虑自己的需求与消费时，也要为未来各代人的要求与消费负起历史与道义责任。

（4）需求管理原则。该原则并不排斥人们为了追求高标准生活质量而提出的对水的需求，更重要的是这种需求应在环境与发展的总框架下进行。供水量越大，废污水就越多，为了保证环境质量，则水处理的要求就越来越高。因此，在水资源可持续利用中应摒弃传统水利的工程导向，从水资源合理利用的角度，通过各种有效手段提出更合乎需要的用水方式。